Dieses Buch gehört:

Inhalt

Faszination Ratten

Wusstest du das? FARBRATTEN sind die späten Nachkommen zahmer WANDERRATTEN, die seit über 100 Jahren domestiziert werden.

Um dich dabei zu unterstützen, deine Ratten bestmöglich zu pflegen und mit ihnen jede Menge Spaß zu haben, ist dieses BUCH gemacht.

Wenn man sich die knuddeligen Nager anschaut, weiß man sofort, warum ihre Halter so BEGEISTERT von ihnen sind: Die wachen Knopfaugen, die filigrane Nase, die geschickten Pfoten – einfach alles an Ratten ist FASZINIEREND!

Ratten sind schlau, anschmiegsam, zutraulich, athletisch und sehr SOZIAL. Außerdem sind sie außerordentlich REINLICH und putzen sich mehrmals am Tag von der Nasenspitze bis zum Schwanzende, gerne auch gegenseitig.

Ja, der raue RATTENSCHWANZ als Verlängerung der Wirbelsäule ist ein Wunderwerk der Natur. Wer ihn genauer ansieht, stellt fest, dass seine Oberfläche von sich überlappenden kleinen Schuppenreihen und borstigen Härchen überzogen ist. Mit dem teils über 20 cm langen, biegsamen Körperteil regeln Ratten unter anderem ihre Körpertemperatur. Außerdem benutzen sie ihn für die Balance und halten sich bei waghalsigen Aktionen damit fest. Und tatsächlich können Rattenschwänze auch über die Stimmung ihrer Besitzer eine Auskunft geben, zum Beispiel dann, wenn im Käfig bei einem Streit „die Schwänze fliegen".

ZEICHNE hier einen Rattenschwanz in all seinen Details:

Das bin ich

Name

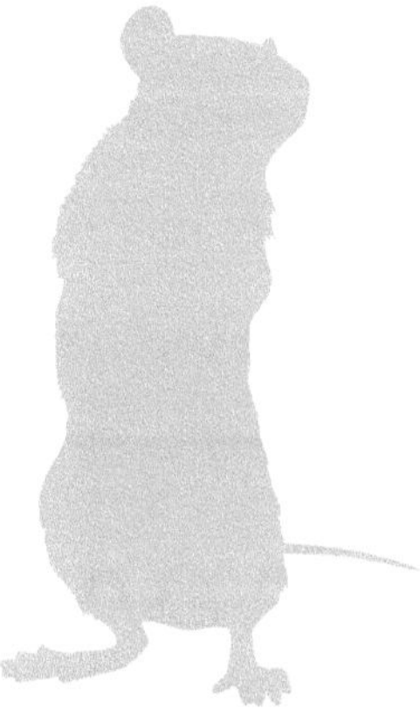

Anschrift

Telefonnummer

Haarfarbe ____________

Augenfarbe ____________

Größe ____________ cm

Geburtstag

____

Geburtsort

____

Merkmale

____

____

____

Das liebe ich an meinen schlauen Fellnasen:

- [ ] ____________
- [ ] ____________
- [ ] ____________
- [ ] ____________
- [ ] ____________
- [ ] ____________

Das möchte ich später werden:

Tipps für die Anschaffung

Bestimmt hast du dir gut überlegt, ob du genug ZEIT hast, dich die nächsten zwei, drei oder mehr Jahre um deine hauptsächlich dämmerungs- und nachtaktiven (bedenke dies beim Käfigstandort!) RATTEN zu kümmern. Ja, du hast richtig gelesen: Ratten, denn Ratten wollen im RUDEL von drei oder mehr Tieren leben – gleichgeschlechtlich oder gemeinsam mit kastrierten Tieren.

Sobald die Fellnasen bei dir eingezogen sind, heißt es, sich mit viel LIEBE um sie zu kümmern. Dafür geben sie dir auch ganz viel Liebe und Action zurück: In Form von KUSCHEL-EINHEITEN oder spektakulären KLETTERÜBUNGEN. Zum Beispiel auf deinen Schultern und Armen, denn Ratten sind sehr zugängliche Tiere.

Wenn du dich ganz klar für eine Fellnase entschieden hast, kommt noch viel auf dich zu. Doch zuallererst stellt sich die Frage:

Wo finde ich das zu mir PASSENDE TIER?

Am besten informierst du dich zuerst, welche RATTEN-NOTHILFEN es in deiner Umgebung gibt. Ebenso können einschlägige Rattenseiten im INTERNET bei der Vermittlung von Ratten weiterhelfen. Frage Freunde und Bekannte, die bereits ERFAHRUNGEN mit Nagetieren gesammelt haben. Nicht zuletzt kannst du Ratten auch in der gut geführten TIERHANDLUNG oder bei einem seriösen ZÜCHTER kaufen.

JUNGTIERE sind in der Regel zwar einfacher handzahm zu machen, sie sind allerdings auch sehr wuselig und „flutschig". Daher können erwachsene, bereits handzahme Fellnasen vor allem für Kinder eine gute Option sein.

Beachte vor der ANSCHAFFUNG deiner Ratten folgende Punkte:

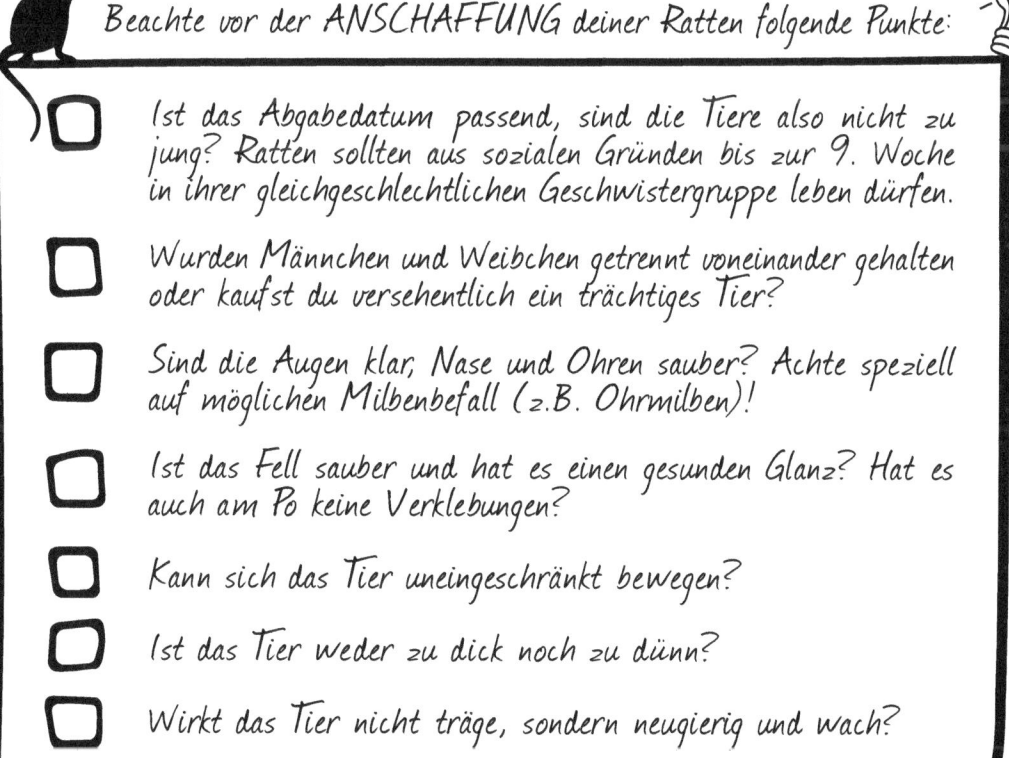

- ☐ Ist das Abgabedatum passend, sind die Tiere also nicht zu jung? Ratten sollten aus sozialen Gründen bis zur 9. Woche in ihrer gleichgeschlechtlichen Geschwistergruppe leben dürfen.
- ☐ Wurden Männchen und Weibchen getrennt voneinander gehalten oder kaufst du versehentlich ein trächtiges Tier?
- ☐ Sind die Augen klar, Nase und Ohren sauber? Achte speziell auf möglichen Milbenbefall (z.B. Ohrmilben)!
- ☐ Ist das Fell sauber und hat es einen gesunden Glanz? Hat es auch am Po keine Verklebungen?
- ☐ Kann sich das Tier uneingeschränkt bewegen?
- ☐ Ist das Tier weder zu dick noch zu dünn?
- ☐ Wirkt das Tier nicht träge, sondern neugierig und wach?

Ja Erst, wenn du alle FRAGEN mit „Ja" beantwortet hast, kannst du davon ausgehen, ein gesundes Tier zu bekommen.

Sei dir darüber im Klaren, dass TIERARZTBESUCHE auch bei sehr kleinen Tieren relativ teuer werden können und du die Verpflichtung hast, zeitlebens für das Wohl deines Schützlings zu sorgen.

Je gesünder ein Tier zu Beginn seines Lebens ist und je liebevoller und artgerechter die HALTUNG erfolgt, desto höher ist die Chance, dass du nie oder nur selten einen Tierarzt brauchst.

Viel Liebe für ein
langes Leben!

Wohnung einrichten

Es gibt einige Dinge, die du besorgen musst, bevor du dir Ratten zulegst. Zur ERSTAUSSTATTUNG der zugluftfreien und gleichzeitig gut belüfteten, vor direkter Sonne geschützten sowie tagsüber ruhigen Rattenwohnung (idealerweise auf vier Rädern und somit frei beweglich) gehören:

Geräumiger KÄFIG mit ausreichend Platz auf mehreren Etagen. Bedenke, dass deine Ratten – auch nachts, mit viel Radau! – gerne von oben nach unten klettern. Du liegst auf jeden Fall richtig, wenn du einen Käfig nimmst, der „zu groß" ist. Dies gilt jedoch nicht für den Abstand der unlackierten, nicht verbiegbaren METALL-GITTERSTÄBE (1cm bis max. 1,5 cm), sodass auch Babyratten nicht hindurchpassen.

Denk daran, dass sich deine Tiere aus einem reinen Holzkäfig oder einem Käfig mit Holzwänden möglicherweise HINAUSNAGEN können. Auch ist Holz – selbst, wenn es mit kinderfreundlichem Öko-Lack behandelt wurde – durch seine Saugfähigkeit schwieriger zu reinigen, weswegen diverse Holzteile in regelmäßigen Abständen ausgetauscht werden müssen.

Geeigneter TRANSPORTKÄFIG mit genug Platz zur kurzfristigen Aufbewahrung deiner Fellnasen, z.B. während der „Käfig-Wartung", für Tierarzt-Besuche, im Falle der nötigen Isolation eines kranken Tieres oder für Urlaube mit Freilaufmöglichkeit vor Ort (z.B. im Urlaubs-Badezimmer). Achte darauf, dass auch hier der kleinste Kopf nicht durch die Gitterstäbe passt!

Mehrere HÄUSCHEN (pro Ratte eines; mindestens eines, in dem das ganze Rudel Platz hat) und Unterschlupfmöglichkeiten mit genügend Versteck- und Kuschelraum, möglichst aus Holz und nicht aus Plastik

WASSERNAPF und/oder tropfsichere NIPPELTRÄNKE, der/die täglich mit heißem Wasser gereinigt werden muss

FRESSNAPF (Größe je nach Anzahl der Tiere)

TOILETTEN (mindestens zwei, je nach Käfig und Tieren). Als Toiletten-Einlage eignet sich z.B. abgerundeter Chinchilla-Sand.

WICHTIG

Neues Inventar (z.B. Häuschen, Näpfe, aber auch der Käfig selbst) muss vor der ersten Benutzung gründlich und rückstandsfrei mit Wasser und ungiftigen Putzmitteln gereinigt werden.

Geeignetes FUTTER – mehr dazu liest du weiter hinten im Buch.

EINSTREU. Es gibt viele verschiedene Arten. Am häufigsten genutzt werden: Weichholzspäne („Kleintierstreu"), Hanfstreu, Lein-Einstreu, Roggenstroh, Holz-, Hanf-, Mais- oder Strohpellets und Papierwolle. HANFMATTEN sind eine weiche, staubfreie Alternative.

Tipp: Alte TAGESZEITUNGEN sind in der Regel eine günstige, geeignete Unterlage für die Einstreu. Du kannst die Käfig-Etagen damit auspolstern und machst es deinen Tieren so bequemer. Außerdem lieben es manche Ratten, Zeitungen zu „shreddern" und damit ihre Häuschen auszupolstern. Ganz nebenbei beschäftigst du deine Fellnasen also mit der entsorgten Lektüre.

Ratten brauchen im Käfig Beschäftigung durch interessantes SPIELZEUG. Überlege, was du aus Pappe, Holz und Stoff günstig selber basteln kannst, zum Beispiel eine gemütliche HÄNGEMATTE.

Notiere hier deine Bastelideen für PAPPE und HOLZ

- [ ] Leere Klopapier-Rolle, vorn und hinten zu: Futter-Versteck
- [ ] ____________________
- [ ] ____________________
- [ ] ____________________
- [ ] ____________________
- [ ] ____________________
- [ ] ____________________
- [ ] ____________________
- [ ] ____________________
- [ ] ____________________
- [ ] ____________________
- [ ] ____________________

Notiere hier deine Bastelideen für Dinge aus STOFF

Achtung: Nur Stoff ohne Verheddergefahr verwenden!

- [ ] Flauschiger Stoffrest: Hängematte zum Anknoten an den Käfig
- [ ]
- [ ]
- [ ]
- [ ]
- [ ]
- [ ]
- [ ]
- [ ]
- [ ]
- [ ]

Meine Ratten

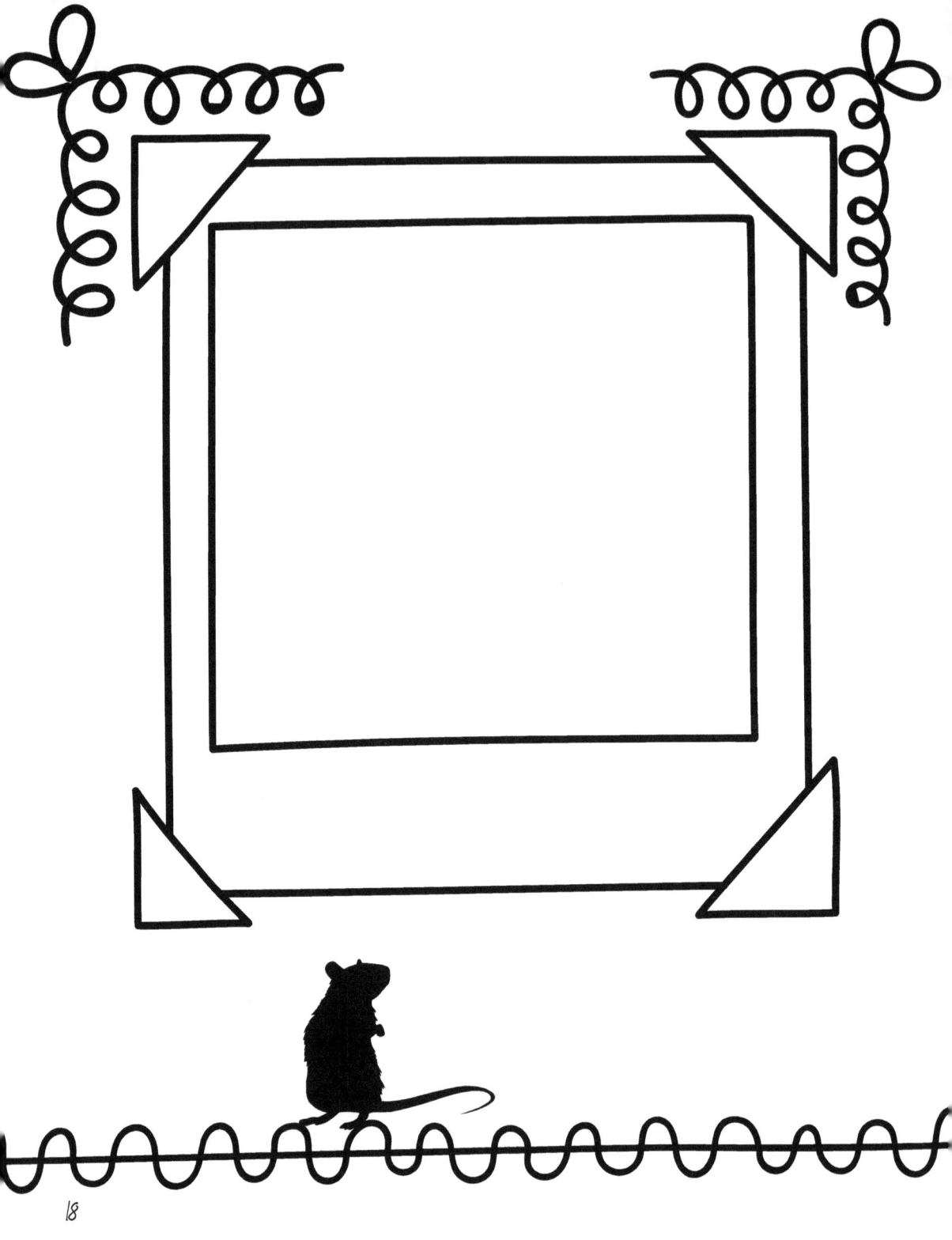

Name

Weibchen ☐
Männchen ☐
kastriert ○

Herkunft ____________________

Geburtstag ____________________

Geburtsort ____________________

Eingezogen am

____

im Alter von

____

Lieblingsfutter

Kuschelfaktor

handzahm ○
schüchtern ○
scheu ○
bissig ○

Fellfarbe ____________________

Merkmale ____________________

Körperlänge ------- cm

Gewicht ---------- g

Schwanzlänge ------- cm

Eigenschaften

____

____

Sonstiges

____

____

Name

Weibchen ☐
Männchen ☐
kastriert ○

Herkunft ______________________

Geburtstag ______________________

Geburtsort ______________________

Eingezogen am

____

im Alter von

____

Lieblingsfutter

Kuschelfaktor

handzahm ○
schüchtern ○
scheu ○
bissig ○

Fellfarbe ______________________

Merkmale ______________________

Körperlänge ------- cm

Gewicht ---------- g

Schwanzlänge ------- cm

Eigenschaften

____

____

Sonstiges

____

____

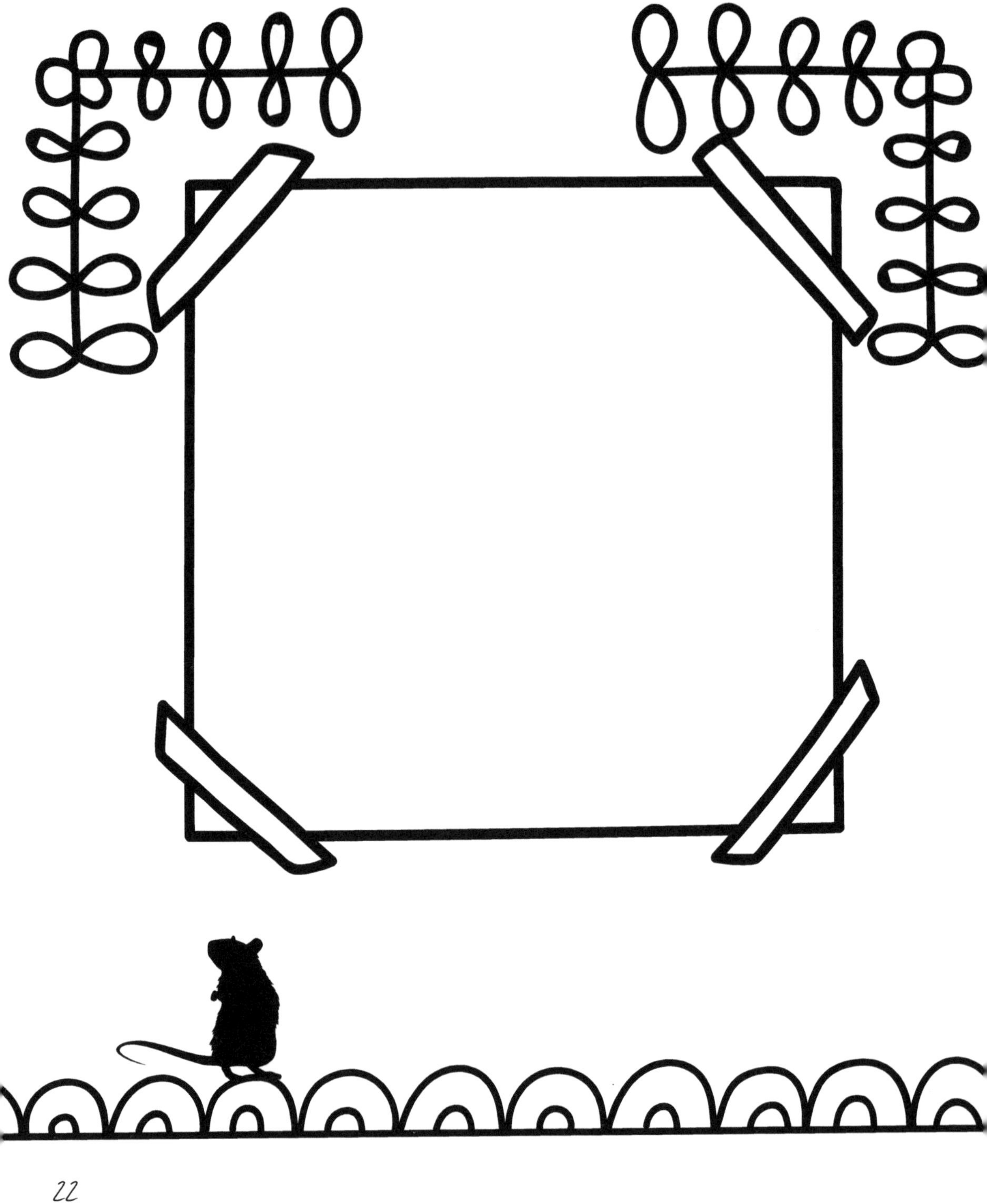

Name

Weibchen ☐
Männchen ☐
kastriert ○

Herkunft ______________________

Geburtstag ______________________

Geburtsort ______________________

Eingezogen am

____

im Alter von

____

Lieblingsfutter

Kuschelfaktor

handzahm ○
schüchtern ○
scheu ○
bissig ○

Fellfarbe ______________________

Merkmale ______________________

Körperlänge ---------- cm

Gewicht ---------- g

Schwanzlänge ---------- cm

Eigenschaften

____

____

Sonstiges

____

____

Name

Weibchen ☐
Männchen ☐
kastriert ○

Herkunft ____________________

Geburtstag ____________________

Geburtsort ____________________

Eingezogen am
____
im Alter von
____

Lieblingsfutter

Kuschelfaktor
- handzahm ○
- schüchtern ○
- scheu ○
- bissig ○

Fellfarbe ____________________

Merkmale ____________________

Körperlänge ------- cm

Gewicht ---------- g

Schwanzlänge ------- cm

Eigenschaften

____

____

Sonstiges

____

____

Name

Weibchen ☐
Männchen ☐
kastriert ○

Herkunft ____________________

Geburtstag ____________________

Geburtsort ____________________

Eingezogen am
____
im Alter von
____

Lieblingsfutter

Kuschelfaktor
- handzahm ○
- schüchtern ○
- scheu ○
- bissig ○

Fellfarbe ____________________

Merkmale ____________________

Körperlänge .... cm

Gewicht .... g

Schwanzlänge .... cm

Eigenschaften

____

____

Sonstiges

____

____

Name

Weibchen ☐
Männchen ☐
kastriert ○

Herkunft ____________________

Geburtstag ____________________

Geburtsort ____________________

Eingezogen am

____

im Alter von

____

Lieblingsfutter

Kuschelfaktor

- handzahm ○
- schüchtern ○
- scheu ○
- bissig ○

Fellfarbe ____________________

Merkmale ____________________

Körperlänge ---------- cm

Gewicht ---------- g

Schwanzlänge ---------- cm

Eigenschaften

____

____

Sonstiges

____

____

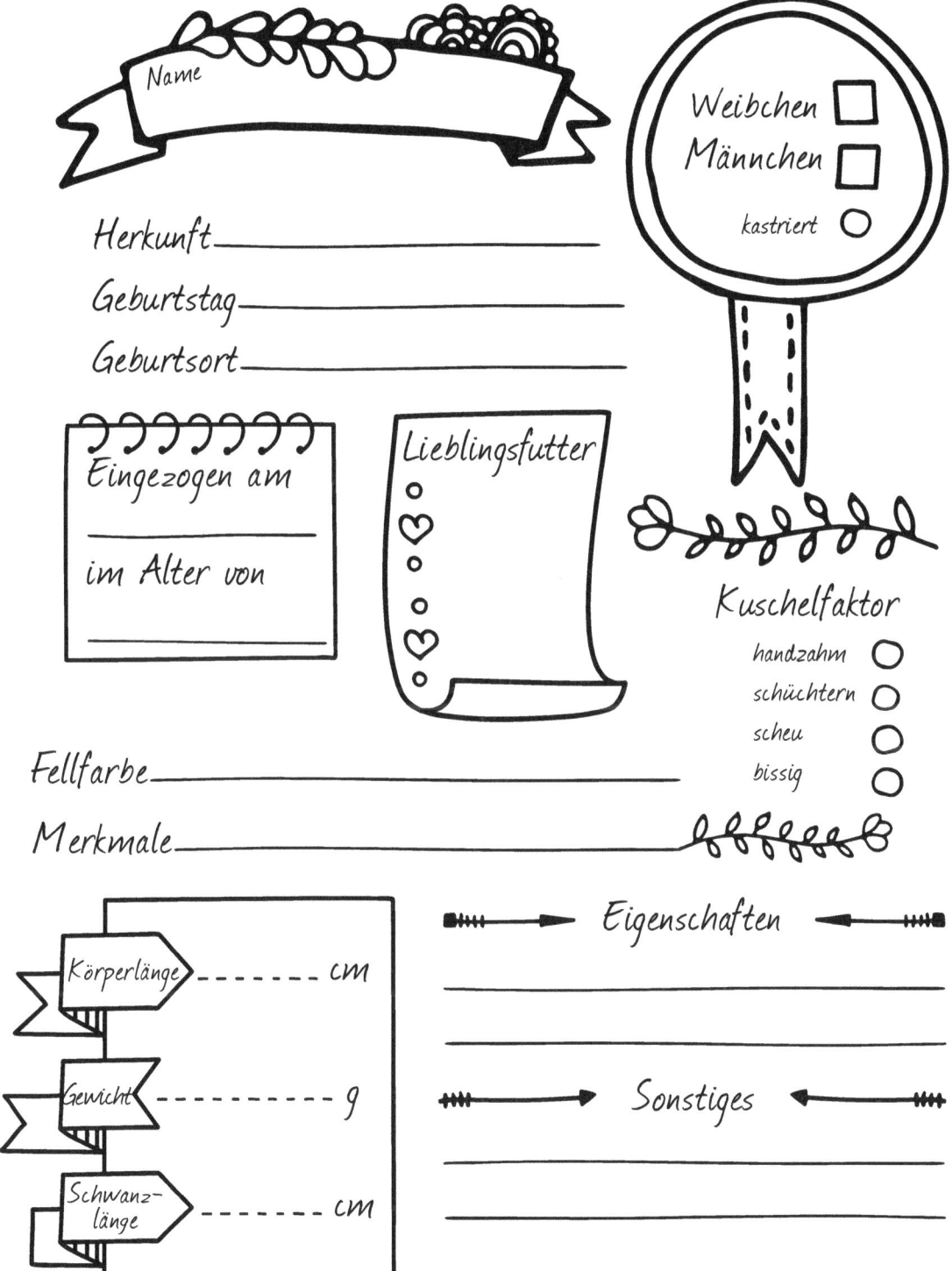

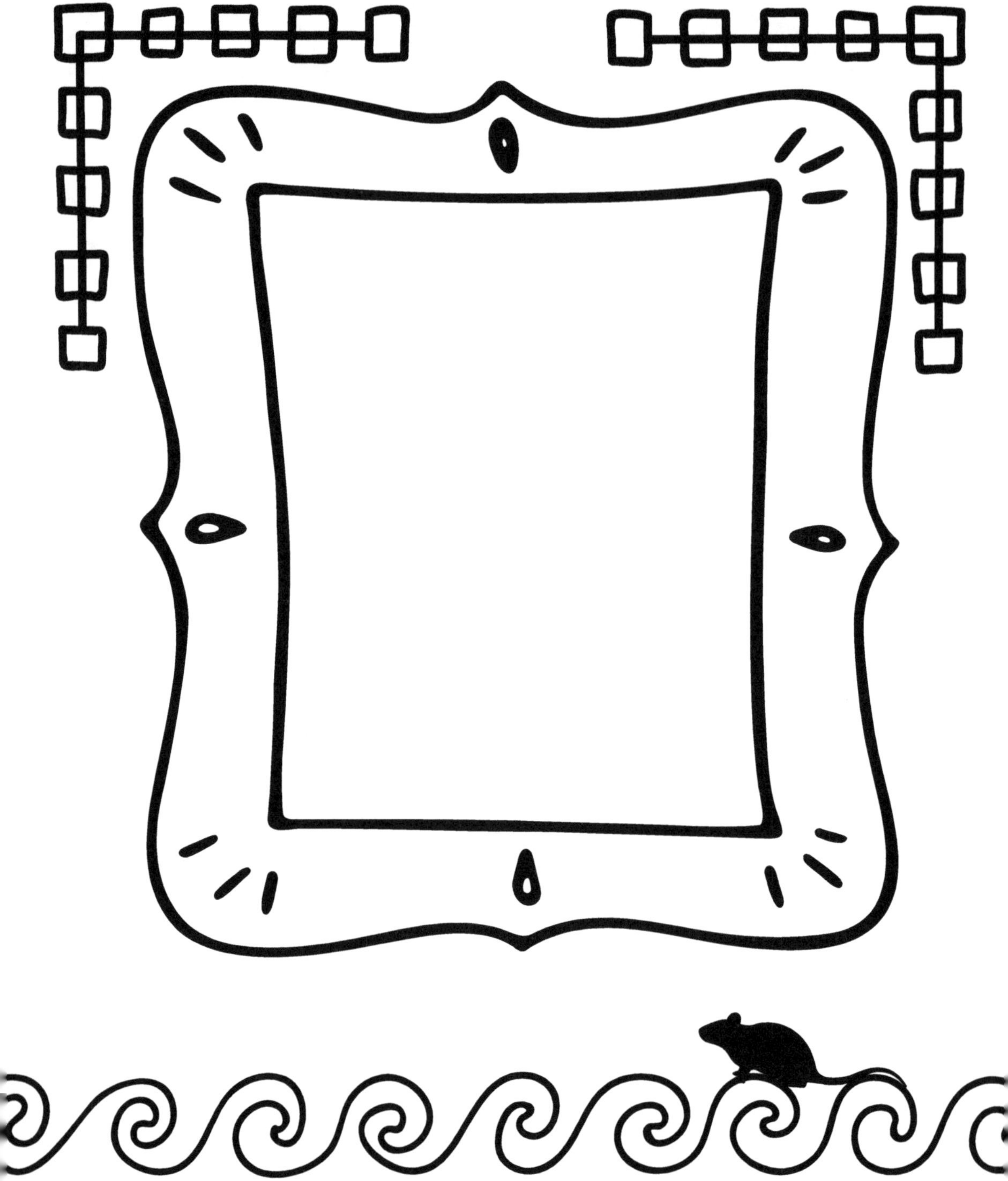

Name

Weibchen ☐
Männchen ☐
kastriert ○

Herkunft ____________________

Geburtstag ____________________

Geburtsort ____________________

Eingezogen am

____

im Alter von

____

Lieblingsfutter

Kuschelfaktor

- handzahm ○
- schüchtern ○
- scheu ○
- bissig ○

Fellfarbe ____________________

Merkmale ____________________

Körperlänge - - - - - - - cm

Gewicht - - - - - - - - - - - g

Schwanzlänge - - - - - - - cm

Eigenschaften

____

____

Sonstiges

____

____

Name

Weibchen ☐
Männchen ☐
kastriert ○

Herkunft ____________________

Geburtstag ____________________

Geburtsort ____________________

Eingezogen am

____

im Alter von

____

Lieblingsfutter

Kuschelfaktor

- handzahm ○
- schüchtern ○
- scheu ○
- bissig ○

Fellfarbe ____________________

Merkmale ____________________

Körperlänge ------- cm

Gewicht ---------- g

Schwanzlänge ------- cm

Eigenschaften

____

____

Sonstiges

____

____

Name

Weibchen ☐
Männchen ☐
kastriert ○

Herkunft ______________________

Geburtstag ______________________

Geburtsort ______________________

Eingezogen am

____

im Alter von

____

Lieblingsfutter

Kuschelfaktor

handzahm ○
schüchtern ○
scheu ○
bissig ○

Fellfarbe ______________________

Merkmale ______________________

Körperlänge - - - - - - - cm

Gewicht - - - - - - - - - - g

Schwanzlänge - - - - - - - cm

Eigenschaften

____

____

Sonstiges

____

____

Name

Weibchen ☐
Männchen ☐
kastriert ○

Herkunft ____________________

Geburtstag ____________________

Geburtsort ____________________

Eingezogen am

____

im Alter von

____

Lieblingsfutter

Kuschelfaktor

handzahm ○
schüchtern ○
scheu ○
bissig ○

Fellfarbe ____________________

Merkmale ____________________

Körperlänge ------- cm

Gewicht ---------- g

Schwanzlänge ------- cm

Eigenschaften

____

____

Sonstiges

____

____

Mein Ratten-Fotoalbum

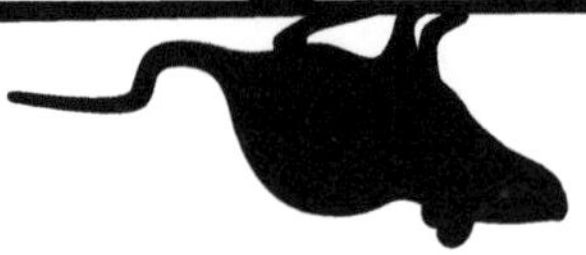

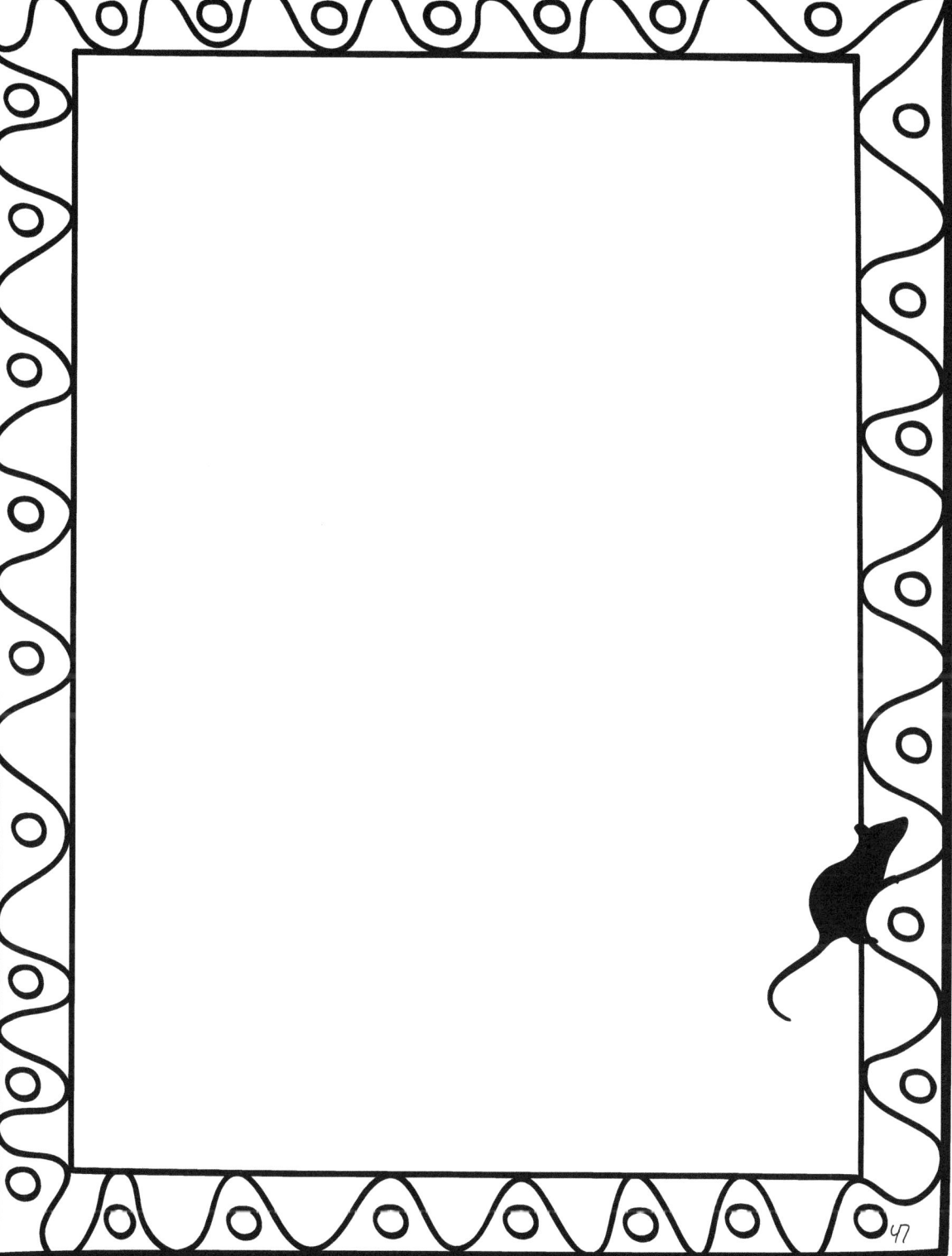

Das beste Futter

Ratten sind hauptsächlich KÖRNER- UND SAATFRESSER. Achte daher darauf, dass täglich eine abwechslungsreiche Körner- und Saatenmischung (1 Esslöffel pro Tag und ausgewachsener Ratte, Jungtiere brauchen zwei- bis dreimal so viel) zur Verfügung steht.

Willst du nach der Adoption deiner Ratten auf ein neues Futter umsteigen, solltest du in der Umgewöhnungsphase zuerst das gewohnte Futter weiter füttern und gleichzeitig wenig neues Futter untermischen, um unerwünschte Reaktionen wie z.B. Durchfall zu vermeiden. Den Anteil des neuen Futters kannst du nach und nach erhöhen, sobald feststeht, dass deine Ratten alles gut vertragen.

Zusätzlich sollten frisches OBST wie z.B. Birne, Apfel, Pfirsich ohne Kern, KRÄUTER wie z.B. Petersilie und GEMÜSE wie z.B. geschälte Salatgurken, Löwenzahn von der ungedüngten, naturbelassenen Wiese, Paprika und Tomaten ohne Grünteile und Strunk, Zucchini, Karotten und geschälter oder Bio-Speisekürbis sowie frische Kürbiskerne auf dem Speiseplan stehen.

KÄSE, NÜSSE MIT SCHALE und hartgekochte EIER sollten in geringen Mengen nur etwa alle vier Wochen in den Rattenkäfig Einzug halten. Lass deine Feinschmecker als Denksportaufgabe ein ganzes hartgekochtes Ei selber „knacken".

FLEISCH (z.B. Hühnchen) oder FISCH sollten, gegart und ungewürzt, noch seltener gefüttert werden. Hier reichen ein bis zwei Portionen pro Monat. Täglich darf ein getrockneter MADENWURM pro Ratte rein – zur Fress-Kontrolle am besten händisch füttern!

VORSICHT

ZUCKER (oft versteckt in „Leckerlis" wie z.B. Joghurt-Drops), ALKOHOL (Ratten dürfen nicht ins volle Weinglas klettern, auch wenn das vielleicht witzig aussieht) und SÄURE (z.B. Zitrusfrüchte) sind für deine Lieblinge tabu. Auch spezielle LEBENSMITTEL wie rohe Kartoffeln, Zwiebeln, Rettich und Radieschen, Avocado oder exotische Früchte sind für deine Farbratten ungeeignet.

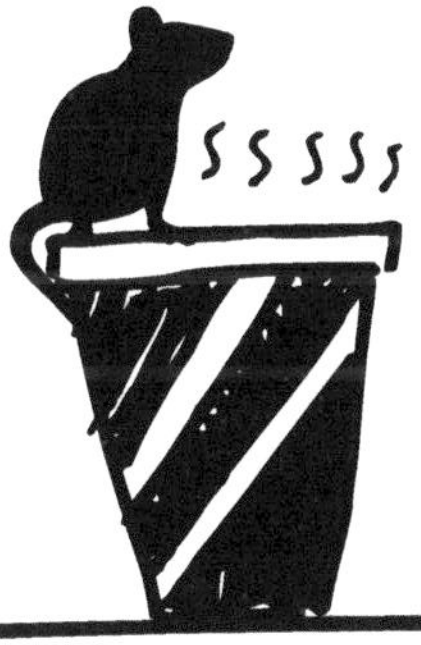

Denk bitte daran: Deine Ratten sind keine BIOTONNE!

Notiere hier deine besten **BESCHÄFTIGUNGS-IDEEN** zur Ergänzung des täglichen Basisfutters

- [ ] Frische Äste und Laub ungiftiger Bäume, z.B. Haselnuss, Apfelbaum, Birke, Erle (gründlich gewaschen und bei 100 Grad im Ofen zur Abtötung von Parasiten eine Stunde lang erhitzt)
- [ ] Ganze Haselnüsse oder Walnüsse knacken lassen
- [ ] Futter verstecken in Kisten mit Streu aus Zeitungspapier
- [ ] Futterketten auffädeln und aufhängen (z.B. aus Gurke und Apfel)
- [ ]
- [ ]
- [ ]
- [ ]

Dr. Ratz

Ratten-Check für die Gesundheit

Wie alle Lebewesen können auch Farbratten krank werden oder sich verletzen. Es ist daher wichtig, dass du JEDEN TAG darauf achtest, ob alle Tiere frisch und munter – und ganz offensichtlich gesund sind.

Mache bei jeder Ratte TÄGLICH den schnellen RATTEN-CHECK:

- ○ FRISST und TRINKT jede Ratte normal?
- ○ Kann sich jede Fellnase uneingeschränkt BEWEGEN?
- ○ Gibt es VERKLEBUNGEN an Augen, Ohren oder am Po?
- ○ Sind äußere VERLETZUNGEN erkennbar?
- ○ RIECHT ein Tier irgendwie seltsam / anders als sonst?

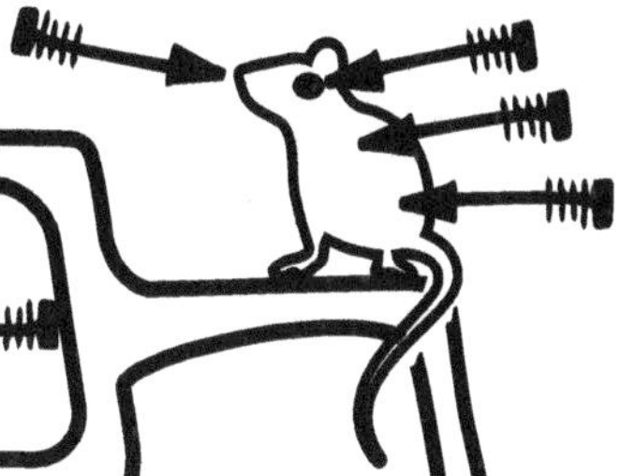

BLUT oder SEKRET?

Ratten produzieren das sogenannte „HARDERSCHE SEKRET", das aus einer Drüse („Hardersche Drüse") direkt neben der Tränendrüse kommt. Die Farbe dieser Flüssigkeit ähnelt jener von BLUT und lässt sich auf den ersten Blick leicht damit verwechseln.

In der Regel PUTZEN Ratten dieses Sekret nach dem Aufwachen selbst weg bzw. schmieren Reste davon über die Nase in ihr Fell, weswegen die Fellspitzen rostbraun verfärbt sein können. Dies ist nicht weiter bedenklich.

Aufpassen solltest du jedoch, ob ÄUGLEIN oder NASE durch das Sekret verklebt werden. Dies kann ein Hinweis auf ein schlechtes Immunsystem sowie eine Erkältung oder Atemwegserkrankung sein.

REINIGE die betroffenen Stellen vorsichtig mit lauwarmem Wasser und zeige die Ratte einem auf Kleinnager spezialisierten TIERARZT, falls sich keine Verbesserung einstellt.

EINMAL PRO WOCHE – am besten in einem Aufwasch mit der kompletten Käfigreinigung, und zwar vor dem Wiedereinsetzen in den Hauptkäfig – solltest du dir deine Fellnasen NOCH GENAUER anschauen. So kannst du meistens auch ohne Tierarzt feststellen, ob alles in Ordnung ist.

- ☐ Macht die Ratte einen GESUNDEN Eindruck?
- ☐ Ist das FELL fluffig, gut gepflegt und frei von Parasiten wie Milben (z.B. an den Ohren) oder Läusen (winzig kleine schwarze Punkte im Fell, die sich bewegen)?
- ☐ Sind die AUGEN sauber und unverklebt?
- ☐ Ist die NASE sauber, frei von Sekret und ATMET das Tier normal?
- ☐ Sind die OHREN auch innen auber, ohne Krusten oder Verhärtungen?
- ☐ Sind die ZÄHNE in Ordnung und nicht zu lang?
- ☐ Sind die FÜSSE intakt und alle ZEHEN beweglich?
- ☐ Sind PO und GESCHLECHTSTEILE sauber und unverklebt?
- ☐ Ist der SCHWANZ unverletzt und reagiert er normal auf Berührung?
- ☐ Ist der TASTBEFUND unauffällig, ohne Knubbel oder harte Stellen?
- ☐ Hat die Ratte ihr übliches GEWICHT?

Ratte auf ersten Blick GESUND? ☐

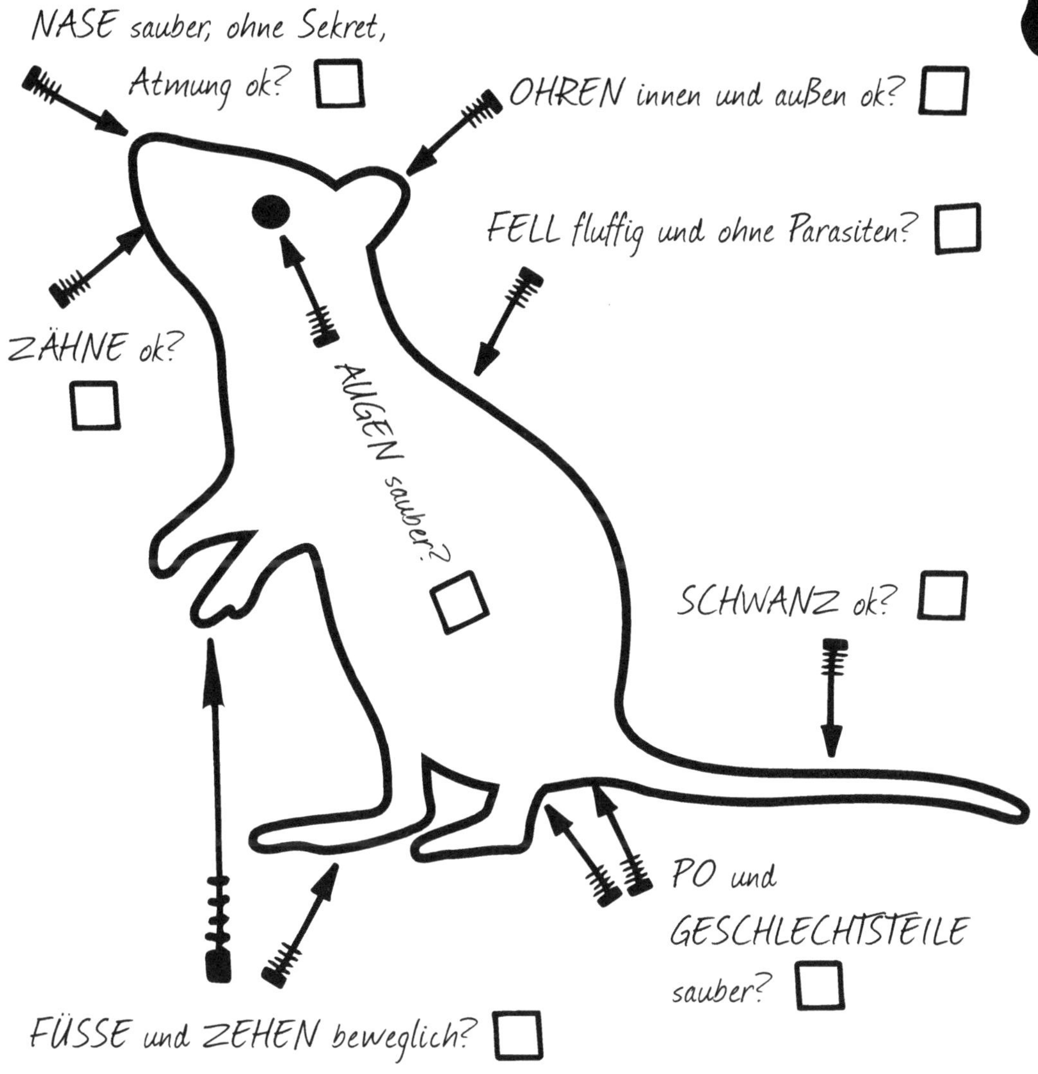
NASE sauber, ohne Sekret, Atmung ok? ☐
OHREN innen und außen ok? ☐
FELL fluffig und ohne Parasiten? ☐
ZÄHNE ok? ☐
AUGEN sauber? ☐
SCHWANZ ok? ☐
PO und GESCHLECHTSTEILE sauber? ☐
FÜSSE und ZEHEN beweglich? ☐

Rattensprache kompakt

Ratten KOMMUNIZIEREN mit dem ganzen Körper, bis in die Fellspitzen hinein. Manchmal, wenn es wirklich wichtig ist, kommt auch noch ein Fiepsen dazu. BEOBACHTE deine Tiere über längere Zeit und finde heraus, worum es geht.

Hier ein ÜBERSETZUNGSVERSUCH typischer Ratten-Kommunikation:

- AUGENBLUBBERN: „Ich bin im Paradies und könnte ewig gekuschelt werden!"
- GÄHNEN UND STRECKEN: „Was, schon Zeit zum Aufstehen?"
- HAARESTRÄUBEN UND BUCKEL MACHEN: „Ich bin Goliath! Manchmal habe ich auch Bauchweh."
- HERUMSPRINGEN: „Hey, was geht ab? Wir machen Party!"
- MARKIEREN: „Mein Reich, mein Revier! Dieses herrliche Rattenparfum versprühen wir auch auf dir."

- NAGEN AN DEN GITTERSTÄBEN: „Voll öd, ich will hier raus!"
- NIESEN: „Hatschi! Ich niese ab und zu, auch ohne Schnupfen oder Allergie."
- PENDELN MIT DEM KOPF: „Hä? Ich brauche eine Brille."
- PUTZEN UND FRIEDLICHES GEGENSEITIGES PUTZEN: „Wir achten eben sehr auf Körperpflege, nicht nur, wenn's juckt."
- SCHWANZWEDELN: „Wer bist denn du? Kenne ich dich oder bist du neu hier?"
- STEIFMACHEN: „Ich will nicht von dir hochgehoben werden!"
- TRAMPELN: „Achtung, ich bin der Boss, nicht du!"
- WEGRENNEN: „Oje, jetzt hab ich mich aber erschreckt!"
- ZÄHNEKNIRSCHEN: „Ich kürze nur meine Beißerchen."
- ZÄHNEKNUSPERN: „Ich liebe es, wie du mich streichelst!"
- ZWANGSPUTZEN: „Ich werde dir jetzt mal sagen, wo es langgeht, Fellnase!"

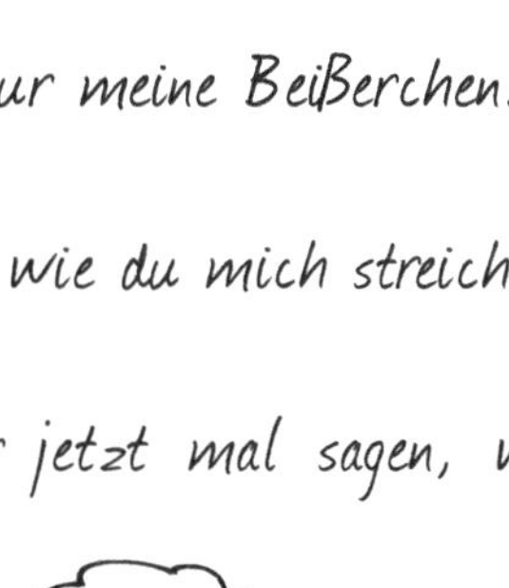

Welches KOMMUNIKATIVE VERHALTEN kannst du bei deinen Fellnasen beobachten und welche Ursachen gibt es dafür? Notiere deine Beobachtungen!

Käfigreinigung ganz einfach

Ratten zu besitzen heißt in jedem Fall, ihre Behausung frei von Verschmutzung und Ungeziefer zu halten. Dafür ist es erforderlich, dass du dich einmal pro Woche sehr sorgfältig um den RATTENKÄFIG kümmerst. Vielleicht gibt es jemanden in der Familie, der dir dabei helfen möchte. Es macht immer wieder Freude, das Domizil deiner Langschwänze nach der gründlichen REINIGUNG ein wenig anders einzurichten und die Tiere dabei zu beobachten, wie sie sich neu organisieren.

Für die Käfigreinigung gibt es im Zoofachgeschäft spezielle tierverträgliche REINIGUNGSMITTEL. Günstiger ESSIGREINIGER, mit Wasser verdünnt, tut es auch. Am besten, du füllst ihn in eine saubere SPRÜHFLASCHE. So kannst du auch schwer zugängliche Käfig-Elemente besprühen, abbürsten und anschließend mit Tüchern oder Zeitungspapier trockenreiben.

Achtung: Verwende KEINESFALLS aggressive, stark duftende Putzmittel! Rückstände davon können deinen Fellnasen schaden. Außerdem werden Ratten durch Kunst-Duft zu übermäßigem Urin-Markieren ermuntert, um die fremden Düfte zu überdecken.

Bei der gründlichen KÄFIGREINIGUNG werden alle beweglichen Teile herausgenommen und z.B. im Waschbecken oder in der Badewanne fein säuberlich geputzt. Vor dem Wiedereinbau alles gut (durch)trocknen lassen. Wichtig: Nippeltränken täglich mit heißem Wasser reinigen und einmal pro Woche desinfizieren bzw. mit kochendem Wasser überbrühen!

Als TOILETTEN eignen sich für deine Ratten herausnehmbare Wannen, zur Pipi-Motivation mit einem großen STEIN drin. Da viele Langschwänze in der Regel brav „aufs Klo" gehen, lässt sich so die Menge an benötigter Einstreu reduzieren. Auch können die Toilettenecken auf diese Weise häufiger ohne viel Aufwand sauber gemacht werden. Die Ratten-Klos sollten täglich von grobem Schmutz gereinigt werden. Jedenfalls, bevor sie zu stinken beginnen. Ratten sind reinliche Tiere und schätzen es, wenn du dich um ihre Toiletten aufmerksam kümmerst.

TIPP Abgerundeter CHINCHILLA-SAND funktioniert in der Ratten-Toilette besonders gut, da er viel Feuchtigkeit aufnimmt und Urin- und Kotgeruch einschließt. Wenn du eine größere Menge (z.B. 20 kg) davon kaufst, ist er preislich relativ günstig. Du kannst den großen Sack im trockenen Keller oder in der Garage lagern und zur täglichen Käfigwartung einen kleinen Behälter abfüllen, den du in Käfignähe aufbewahrst. Mit einer Gitterschaufel lassen sich Verschmutzungen gezielt entnehmen.

Checkliste zur kompletten Käfigreinigung

Datum

Alle Ratten in den Transportkäfig gesetzt	☐	☐	☐
Zerlegte Trinkflasche desinfiziert / überbrüht	☐	☐	☐
Futternäpfe gereinigt	☐	☐	☐
Toiletten/Toilettenecken gereinigt	☐	☐	☐
Häuschen gereinigt	☐	☐	☐
Spielgeräte gereinigt	☐	☐	☐
Leitern gereinigt	☐	☐	☐
Etagen gereinigt	☐	☐	☐
Bodenwanne gereinigt	☐	☐	☐
Bodenwanne wieder installiert	○	○	○
Trockenen Käfig neu eingestreut	○	○	○
Leitern wieder eingebaut	○	○	○
Toiletten/Toilettenecken installiert	○	○	○
Trockene Häuschen wieder eingesetzt	○	○	○
Trockene Spielgeräte wieder eingesetzt	○	○	○
Futternäpfe befüllt und wieder eingesetzt	○	○	○
Trinkflasche befüllt und wieder eingesetzt	○	○	○
Nach Ratten-Check alle Ratten im Käfig	♡	♡	♡
Alle Käfigtüren geschlossen	○	○	○

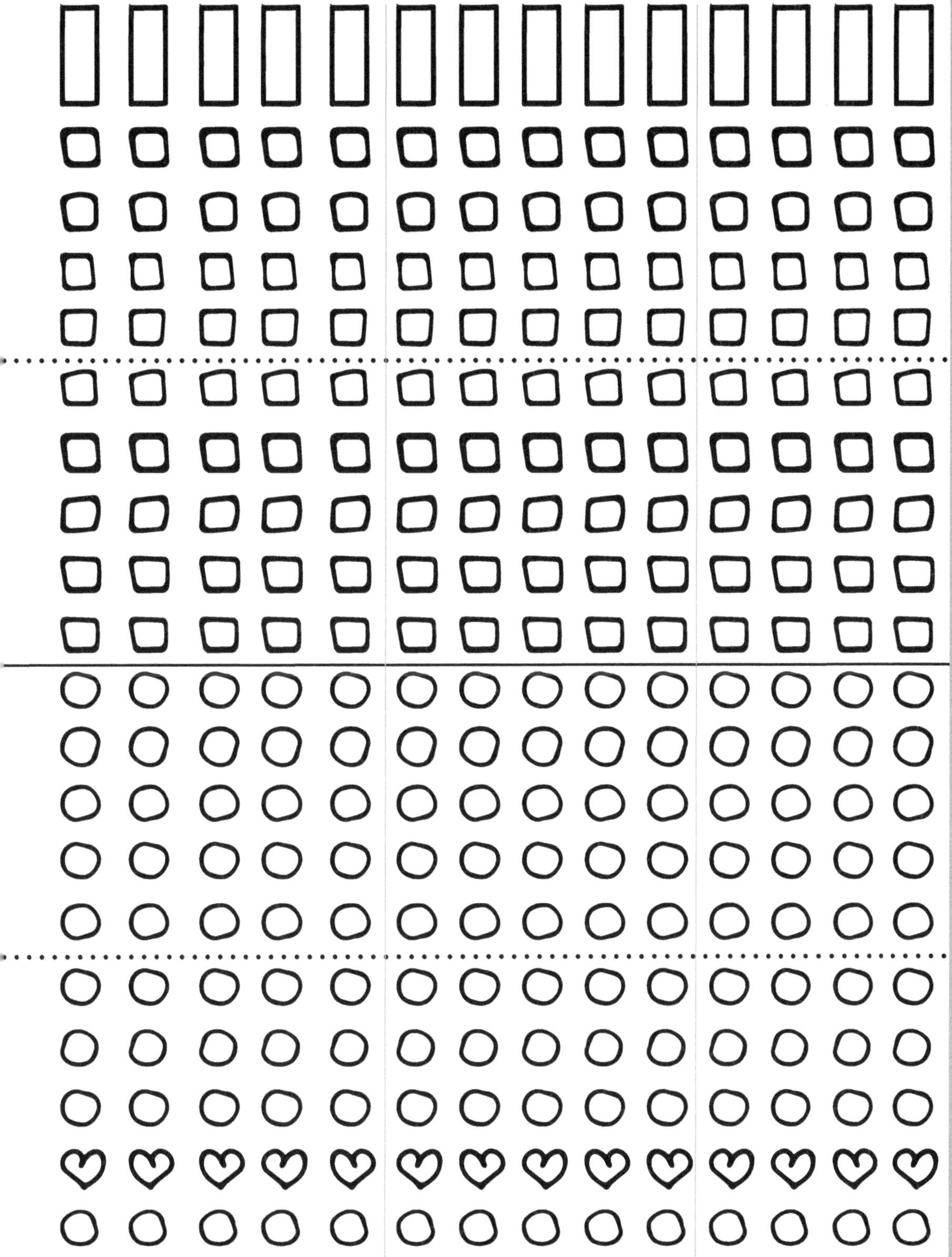

Checkliste zur kompletten Käfigreinigung

	Datum		
Alle Ratten in den Transportkäfig gesetzt			
Zerlegte Trinkflasche desinfiziert / überbrüht			
Futternäpfe gereinigt			
Toiletten/Toilettenecken gereinigt			
Häuschen gereinigt			
Spielgeräte gereinigt			
Leitern gereinigt			
Etagen gereinigt			
Bodenwanne gereinigt			
Bodenwanne wieder installiert			
Trockenen Käfig neu eingestreut			
Leitern wieder eingebaut			
Toiletten/Toilettenecken installiert			
Trockene Häuschen wieder eingesetzt			
Trockene Spielgeräte wieder eingesetzt			
Futternäpfe befüllt und wieder eingesetzt			
Trinkflasche befüllt und wieder eingesetzt			
Nach Ratten-Check alle Ratten im Käfig			
Alle Käfigtüren geschlossen			

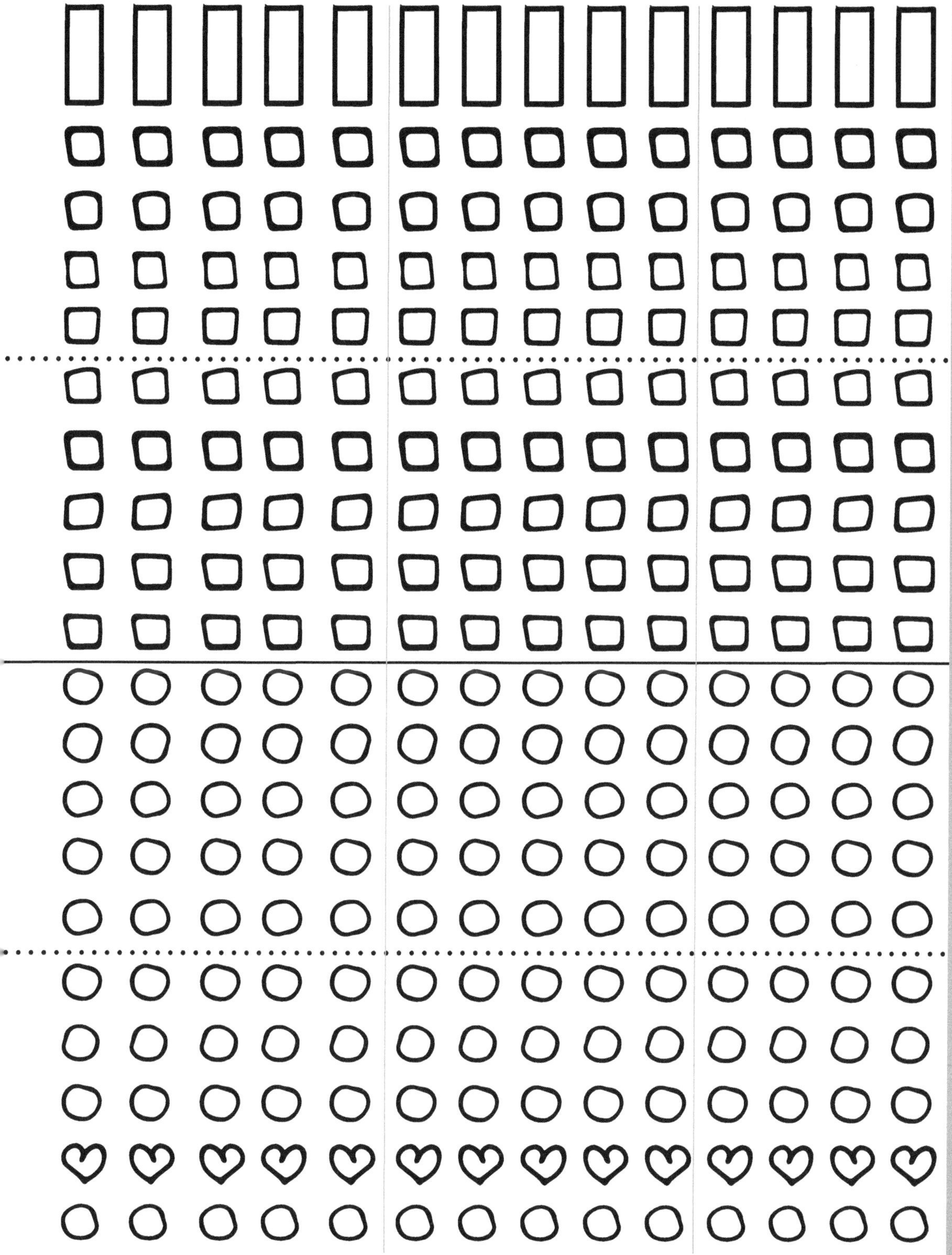

Checkliste zur kompletten Käfigreinigung

Datum

		☐	☐	☐
Alle Ratten in den Transportkäfig gesetzt		☐	☐	☐
Zerlegte Trinkflasche desinfiziert / überbrüht		☐	☐	☐
Futternäpfe gereinigt		☐	☐	☐
Toiletten/Toilettenecken gereinigt		☐	☐	☐
Häuschen gereinigt		☐	☐	☐
Spielgeräte gereinigt		☐	☐	☐
Leitern gereinigt		☐	☐	☐
Etagen gereinigt		☐	☐	☐
Bodenwanne gereinigt		☐	☐	☐
Bodenwanne wieder installiert		○	○	○
Trockenen Käfig neu eingestreut		○	○	○
Leitern wieder eingebaut		○	○	○
Toiletten/Toilettenecken installiert		○	○	○
Trockene Häuschen wieder eingesetzt		○	○	○
Trockene Spielgeräte wieder eingesetzt		○	○	○
Futternäpfe befüllt und wieder eingesetzt		○	○	○
Trinkflasche befüllt und wieder eingesetzt		○	○	○
Nach Ratten-Check alle Ratten im Käfig		♡	♡	♡
Alle Käfigtüren geschlossen		○	○	○

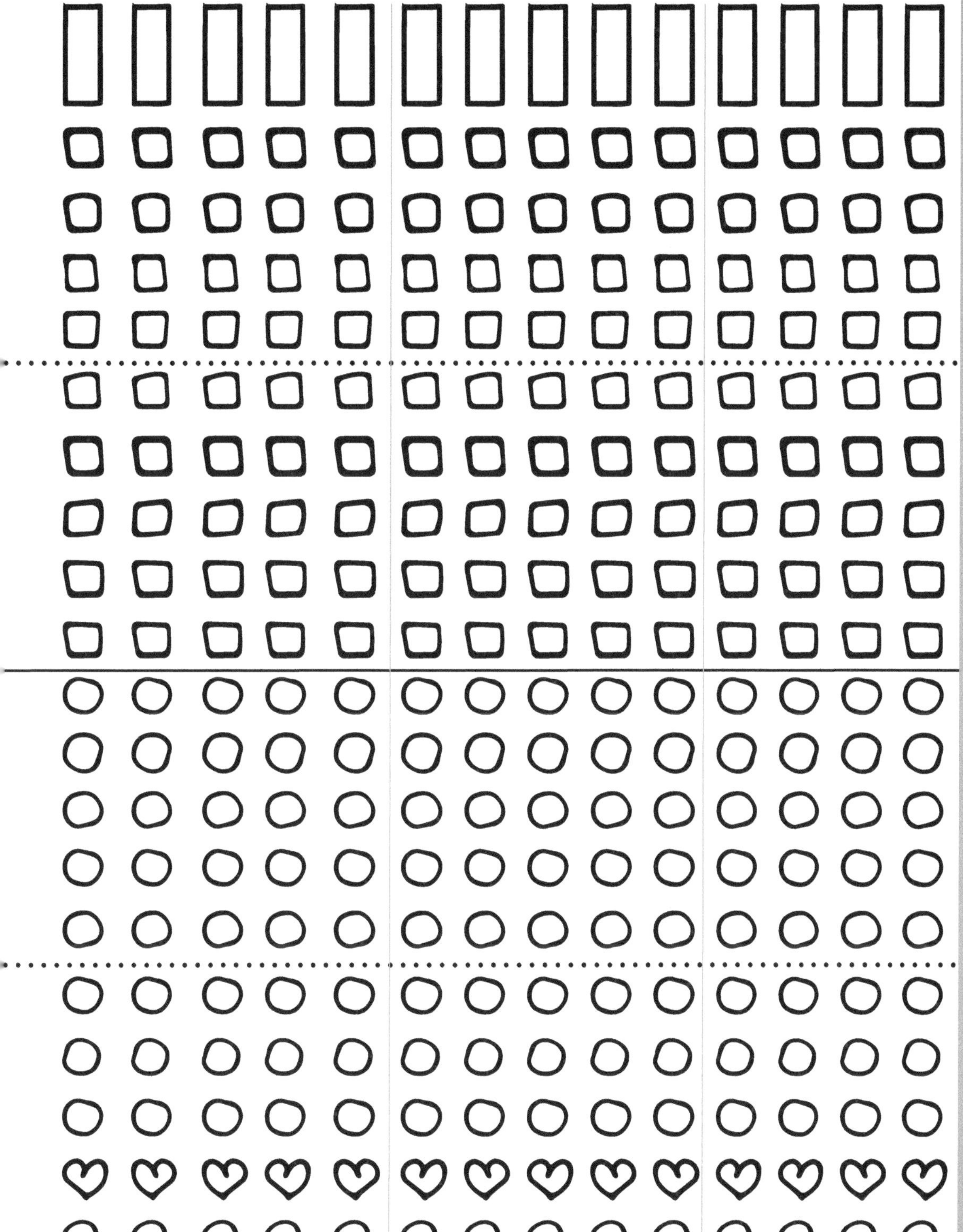

Checkliste zur kompletten Käfigreinigung

Datum

Alle Ratten in den Transportkäfig gesetzt	☐	☐	☐
Zerlegte Trinkflasche desinfiziert / überbrüht	☐	☐	☐
Futternäpfe gereinigt	☐	☐	☐
Toiletten/Toilettenecken gereinigt	☐	☐	☐
Häuschen gereinigt	☐	☐	☐
Spielgeräte gereinigt	☐	☐	☐
Leitern gereinigt	☐	☐	☐
Etagen gereinigt	☐	☐	☐
Bodenwanne gereinigt	☐	☐	☐
Bodenwanne wieder installiert	○	○	○
Trockenen Käfig neu eingestreut	○	○	○
Leitern wieder eingebaut	○	○	○
Toiletten/Toilettenecken installiert	○	○	○
Trockene Häuschen wieder eingesetzt	○	○	○
Trockene Spielgeräte wieder eingesetzt	○	○	○
Futternäpfe befüllt und wieder eingesetzt	○	○	○
Trinkflasche befüllt und wieder eingesetzt	○	○	○
Nach Ratten-Check alle Ratten im Käfig	♡	♡	♡
Alle Käfigtüren geschlossen	○	○	○

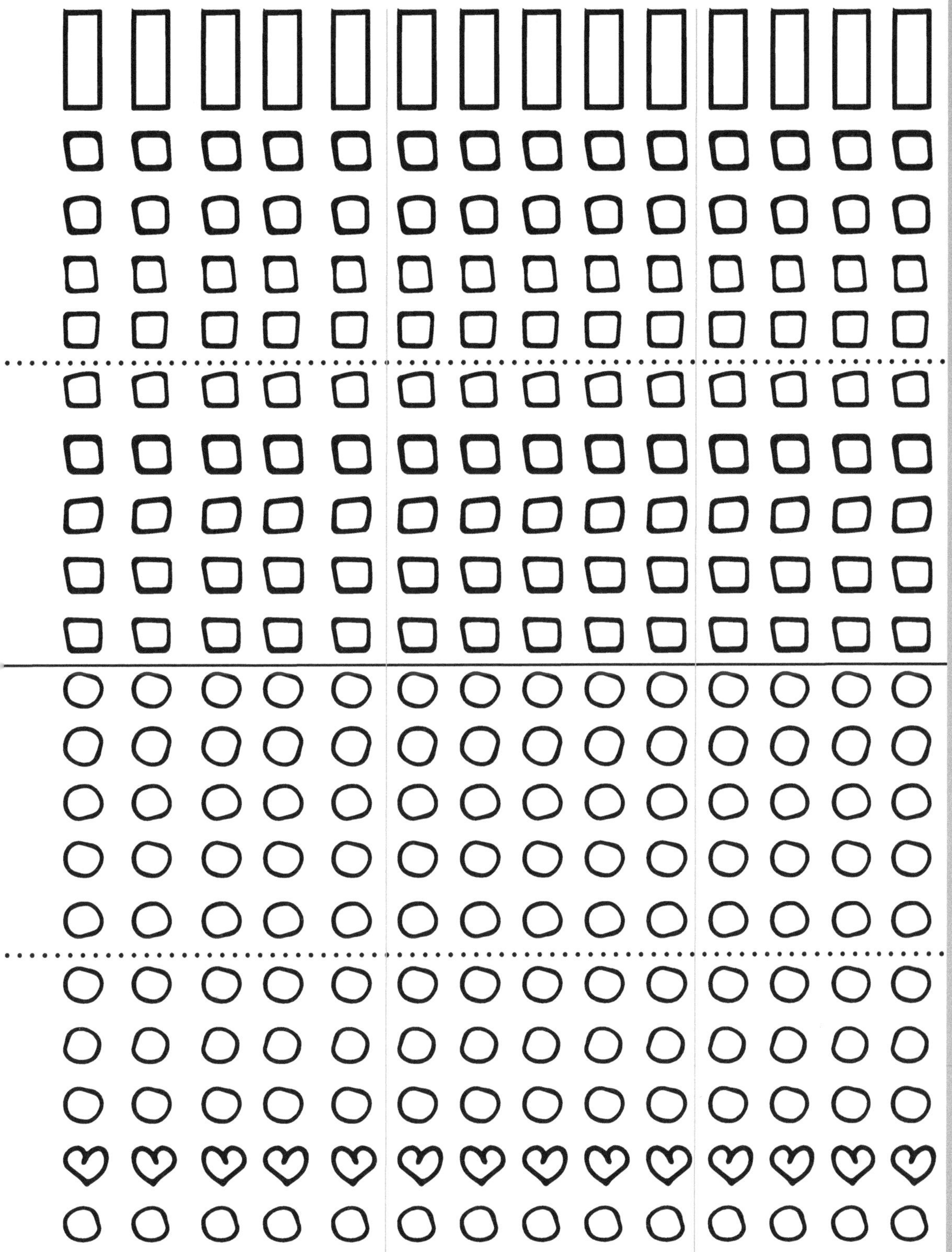

Checkliste zur kompletten Käfigreinigung

Datum

Alle Ratten in den Transportkäfig gesetzt	☐	☐	☐
Zerlegte Trinkflasche desinfiziert / überbrüht	☐	☐	☐
Futternäpfe gereinigt	☐	☐	☐
Toiletten/Toilettenecken gereinigt	☐	☐	☐
Häuschen gereinigt	☐	☐	☐
Spielgeräte gereinigt	☐	☐	☐
Leitern gereinigt	☐	☐	☐
Etagen gereinigt	☐	☐	☐
Bodenwanne gereinigt	☐	☐	☐
Bodenwanne wieder installiert	◯	◯	◯
Trockenen Käfig neu eingestreut	◯	◯	◯
Leitern wieder eingebaut	◯	◯	◯
Toiletten/Toilettenecken installiert	◯	◯	◯
Trockene Häuschen wieder eingesetzt	◯	◯	◯
Trockene Spielgeräte wieder eingesetzt	◯	◯	◯
Futternäpfe befüllt und wieder eingesetzt	◯	◯	◯
Trinkflasche befüllt und wieder eingesetzt	◯	◯	◯
Nach Ratten-Check alle Ratten im Käfig	♡	♡	♡
Alle Käfigtüren geschlossen	◯	◯	◯

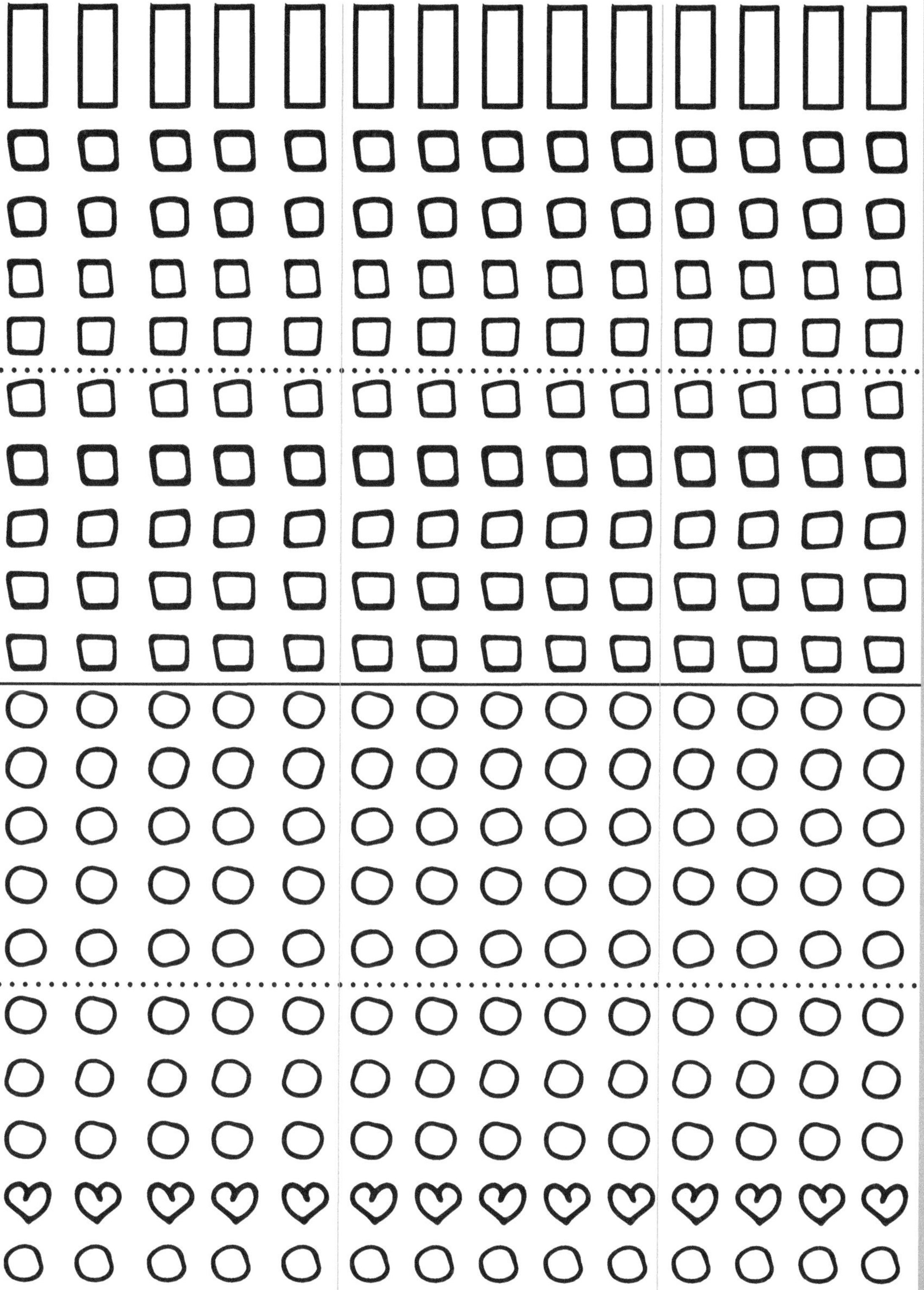

Checkliste zur kompletten Käfigreinigung

Datum

Alle Ratten in den Transportkäfig gesetzt	☐	☐	☐
Zerlegte Trinkflasche desinfiziert / überbrüht	☐	☐	☐
Futternäpfe gereinigt	☐	☐	☐
Toiletten/Toilettenecken gereinigt	☐	☐	☐
Häuschen gereinigt	☐	☐	☐
Spielgeräte gereinigt	☐	☐	☐
Leitern gereinigt	☐	☐	☐
Etagen gereinigt	☐	☐	☐
Bodenwanne gereinigt	☐	☐	☐
Bodenwanne wieder installiert	○	○	○
Trockenen Käfig neu eingestreut	○	○	○
Leitern wieder eingebaut	○	○	○
Toiletten/Toilettenecken installiert	○	○	○
Trockene Häuschen wieder eingesetzt	○	○	○
Trockene Spielgeräte wieder eingesetzt	○	○	○
Futternäpfe befüllt und wieder eingesetzt	○	○	○
Trinkflasche befüllt und wieder eingesetzt	○	○	○
Nach Ratten-Check alle Ratten im Käfig	♡	♡	♡
Alle Käfigtüren geschlossen	○	○	○

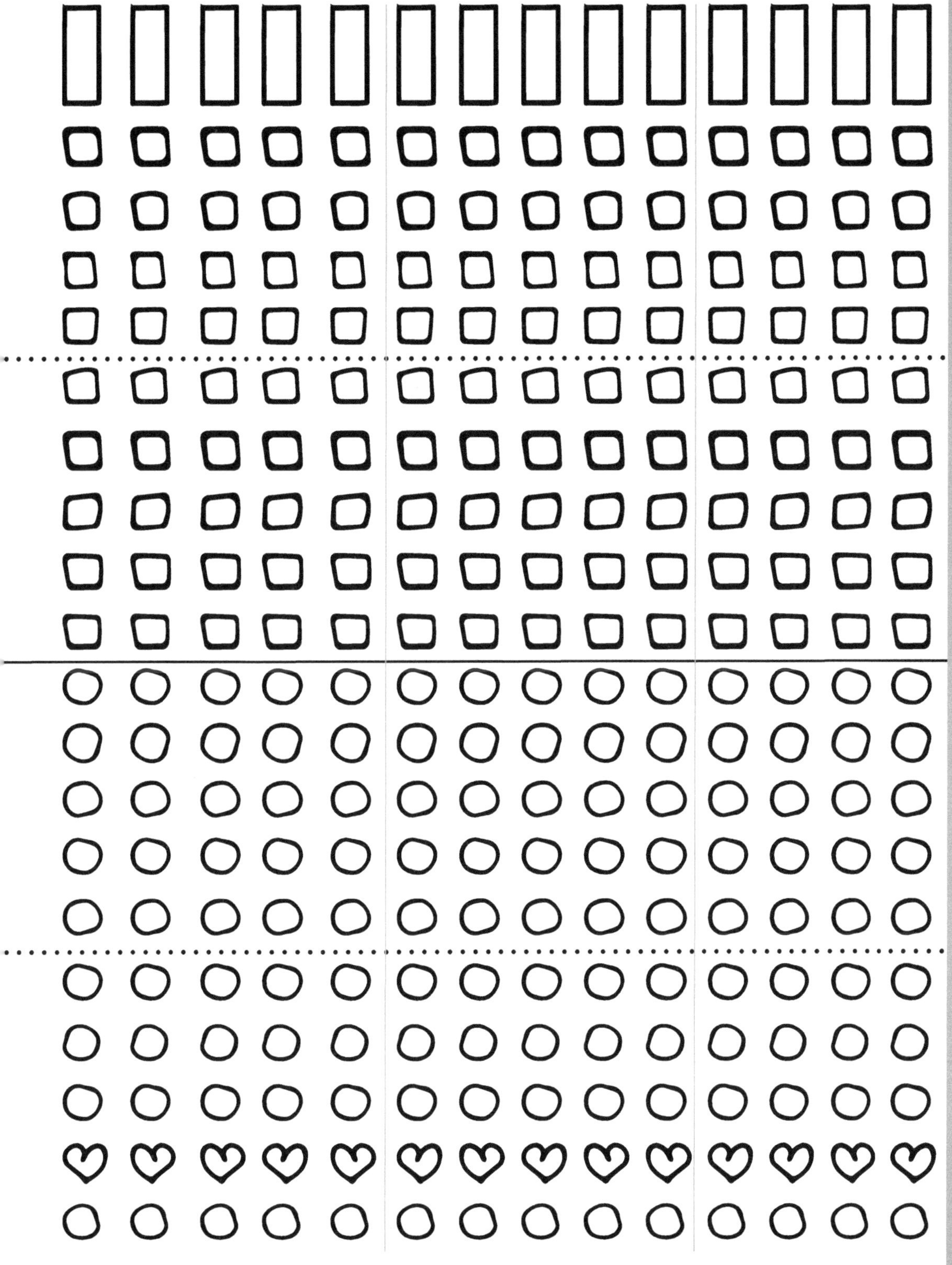

Checkliste zur kompletten Käfigreinigung

Datum

- Alle Ratten in den Transportkäfig gesetzt
- Zerlegte Trinkflasche desinfiziert / überbrüht
- Futternäpfe gereinigt
- Toiletten/Toilettenecken gereinigt

- Häuschen gereinigt
- Spielgeräte gereinigt
- Leitern gereinigt
- Etagen gereinigt
- Bodenwanne gereinigt

- Bodenwanne wieder installiert
- Trockenen Käfig neu eingestreut
- Leitern wieder eingebaut
- Toiletten/Toilettenecken installiert
- Trockene Häuschen wieder eingesetzt

- Trockene Spielgeräte wieder eingesetzt
- Futternäpfe befüllt und wieder eingesetzt
- Trinkflasche befüllt und wieder eingesetzt
- Nach Ratten-Check alle Ratten im Käfig
- Alle Käfigtüren geschlossen

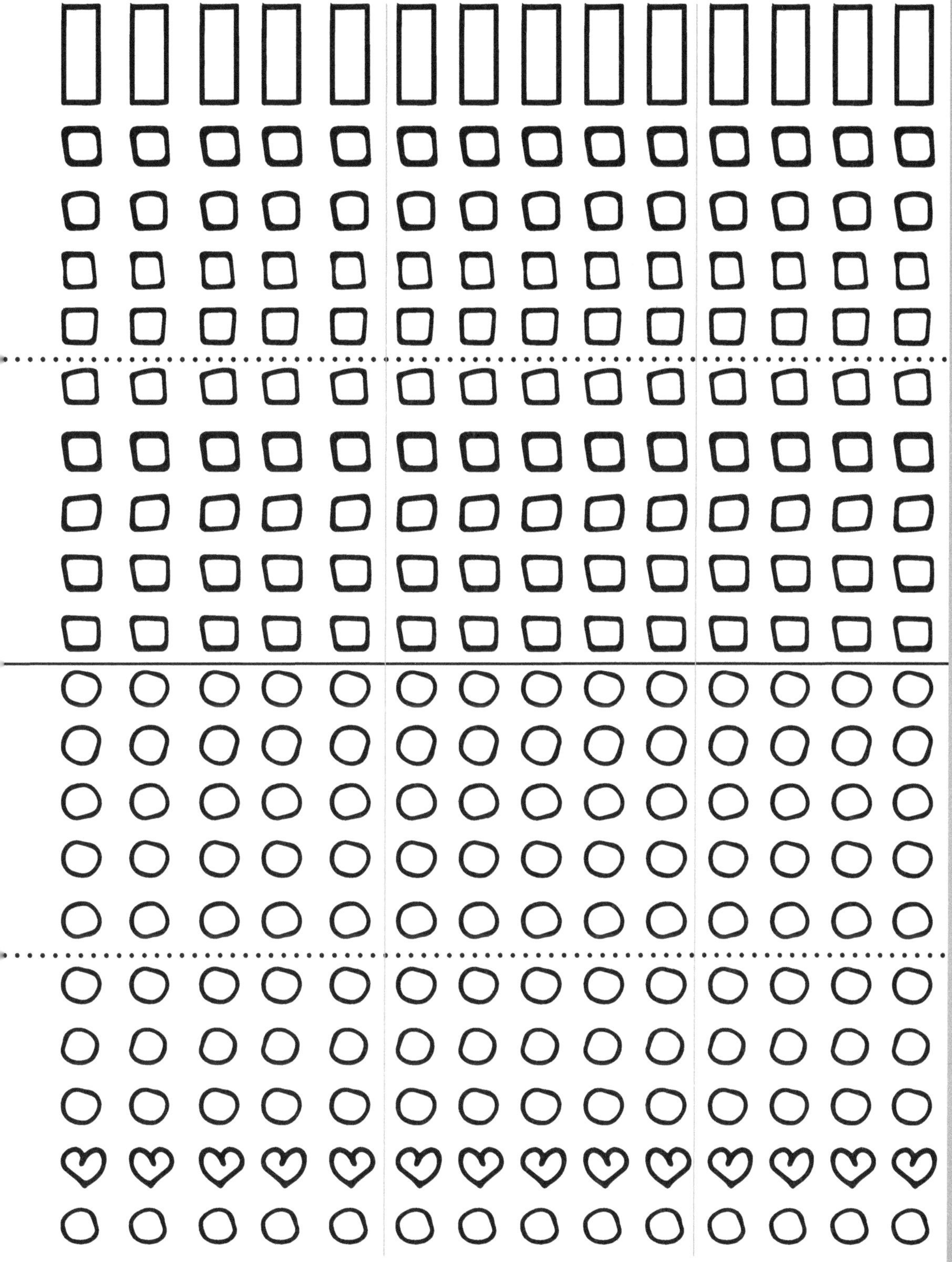

Checkliste zur kompletten Käfigreinigung

Datum

Alle Ratten in den Transportkäfig gesetzt	☐	☐	☐
Zerlegte Trinkflasche desinfiziert / überbrüht	☐	☐	☐
Futternäpfe gereinigt	☐	☐	☐
Toiletten/Toilettenecken gereinigt	☐	☐	☐
Häuschen gereinigt	☐	☐	☐
Spielgeräte gereinigt	☐	☐	☐
Leitern gereinigt	☐	☐	☐
Etagen gereinigt	☐	☐	☐
Bodenwanne gereinigt	☐	☐	☐
Bodenwanne wieder installiert	○	○	○
Trockenen Käfig neu eingestreut	○	○	○
Leitern wieder eingebaut	○	○	○
Toiletten/Toilettenecken installiert	○	○	○
Trockene Häuschen wieder eingesetzt	○	○	○
Trockene Spielgeräte wieder eingesetzt	○	○	○
Futternäpfe befüllt und wieder eingesetzt	○	○	○
Trinkflasche befüllt und wieder eingesetzt	○	○	○
Nach Ratten-Check alle Ratten im Käfig	♡	♡	♡
Alle Käfigtüren geschlossen	○	○	○

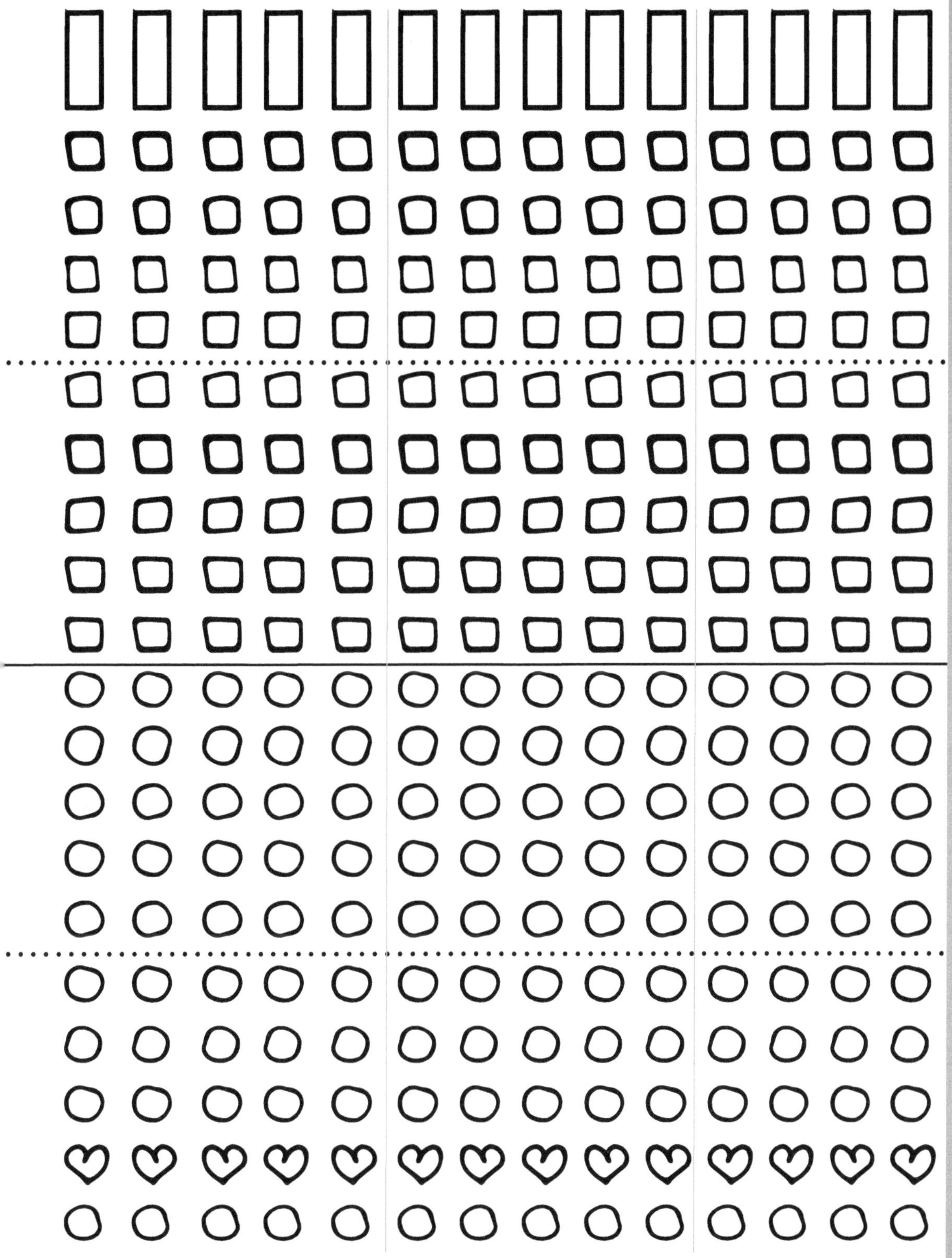

So machst du deine Ratten handzahm

Jedes Tier hat eine eigene Persönlichkeit, also gibt es kein Patentrezept, um Ratten HANDZAHM zu machen. Hier ein paar Tricks:

Hab GEDULD und setze dich nach Möglichkeit während des Freilaufs regelmäßig in den FREILAUFBEREICH dazu. Auf diese Weise kommen deine Fellnasen ganz automatisch und einfach in Kontakt mit dir.

REDE viel mit deinen Tieren. Lies ihnen auch laut vor, um sie an deine Stimme zu gewöhnen.

FÜTTERE deinen Fellnasen vorsichtig lange Snacks (z.B. Karottenstäbchen) aus der Hand. So ist die Gefahr gering, dass sie dich aus Versehen in die Finger beißen.

Wasche dir mit neutral riechender Seife die HÄNDE, bevor du mit deinen geruchsempfindlichen Ratten spielst oder sie in die Hand nimmst. So verwechseln sie dich nicht mit der Nahrung, die du vor dem Kuscheln vielleicht in der Hand hattest, und werden auch nicht durch parfümierte Cremes irritiert.

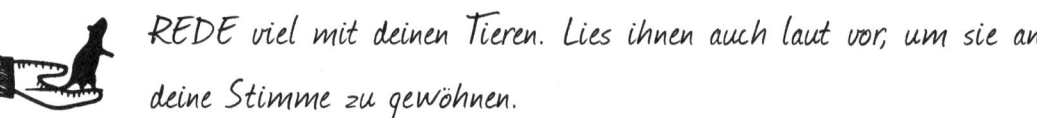

Berücksichtige unbedingt die SCHLAFENSZEITEN deiner Tiere. Ratten wollen in Ruhe gelassen werden, wenn sie schlafen oder dösen. Das ist bei dir ja nicht anders.

Setze jeden Langschwanz nach erfolgreichem KUSCHELN wieder vorsichtig zurück in den Käfig oder in das Freilaufgehege.

Vorsicht

Greife nicht direkt von oben nach einer Ratte! Sie könnte dich mit einem RAUBVOGEL verwechseln und aus Angst beißen.

Nähere dich mit deinen Händen lieber von den Seiten und greife vorsichtig unter den BAUCH. So kann dich die Ratte riechen, bevor sie angehoben wird.

Fasse nicht mit der Hand ins HÄUSCHEN. Dein Tier denkt vielleicht, du bist ein gefährlicher Eindringling und schnappt nach dir.

Solange deine Fellnase noch nicht an deine Hand gewöhnt ist, solltest du sie nur am Boden sitzend in der Hand halten. Es besteht erhöhte STURZGEFAHR! Dies gilt generell für alle sehr jungen und zappeligen Ratten.

Tja, und dann wäre da noch eine Sache: Manche Tiere wollen generell nicht so gerne hochgehoben werden. AKZEPTIERE es und bedränge deinen Langschwanz nicht unnötig.

Es hat geklappt! So sind meine Ratten handzahm geworden:

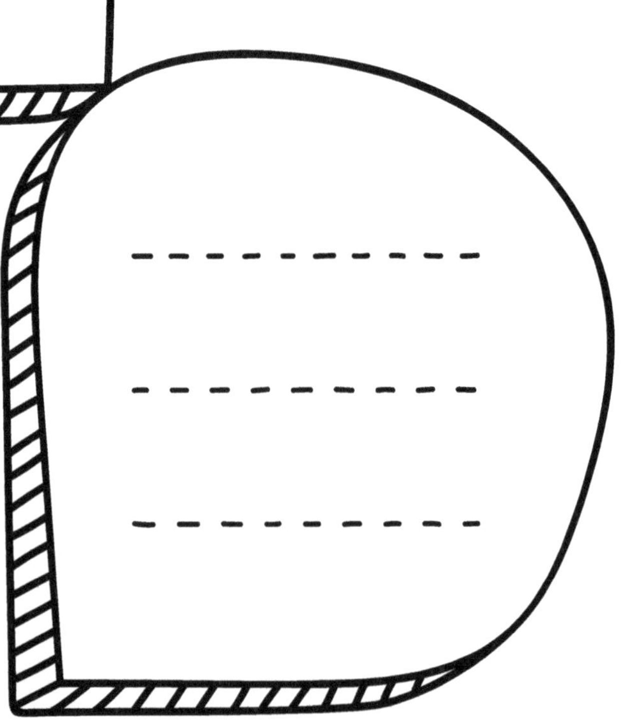

Die Toilette bist nicht du! So wird dein Tier pullirein

Damit du im direkten Körperkontakt mit deinen über das Pipi untereinander kommunizierenden Ratten nicht allzu viel angepieselt oder angekackt wirst, ist es von Vorteil, dass sie halbwegs PULLIREIN sind. Bereits ein deftiger Markierungs-Spritzer Ratten-URIN brunzelt, und auch die KÖTTEL sind nicht zu verachten. Bei Aufregung neigen Fellnasen dazu, vermehrt zu markieren. Pech, wenn dies genau auf deinem nagelneuen Shirt passiert.

Weniger STRESS beim Kuscheln durch regelmäßiges Kuschel-Training führt dazu, dass Ratten ihre Verdauung unterwegs eher im Griff haben und auch das MARKIERUNGS-PIPI teilweise bei sich lassen. Doch natürlich nicht für ewig, denn eine RATTENBLASE und ein RATTENDARM sind ja noch viel kleiner als die Tiere selbst, und das Markieren gehört sowieso dazu. Daher solltest du beim KUSCHELN eine Ratte ungefähr alle fünf bis zehn Minuten auf die TOILETTE bzw. in den (Transport-)KÄFIG setzen und beobachten, ob sie wirklich pieseln oder kacken muss – oder wieder einmal eine wichtige Urin-Botschaft hinterlassen möchte.

Wenn keine abgeschlossene TOILETTE bei der Hand ist, kannst du die Ratte im sicheren Innenbereich auch auf ein TASCHENTUCH oder auf den für Urin unempfindlichen BODEN setzen und anschließend nachwischen. Animiere dein Tier auf diese Weise zu einem gezielten Klogang:

HALTE die Ratte mit einer Hand fest und führe mit der anderen Hand ihren SCHWANZ vorsichtig nach oben. Gib deinem Tier nun den SCHLÜSSELLAUT „lulu", wenn es sich erleichtern soll. Lobe deine Ratte, wenn sie erfolgreich gemacht hat. Es kann dauern, bis Pipi und alle Köttel an der frischen Luft sind, sei daher geduldig.

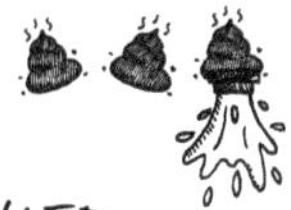

Normalerweise bemerkt eine Ratte den TEMPERATURUNTERSCHIED zwischen deinem Körper und einem festen Untergrund. Allein dieses Signal reicht für sie aus, um ihr Geschäft zu verrichten.

Ältere Tiere können Urin und Kot schon länger halten als Rattenbabys. Erfahrene Kuschel-Ratten werden es vermeiden, dich allzu viel anzumachen, wenn du bereits ausreichend markiert und beduftet bist.

Tipp: Wenn das Klogehen noch nicht so gut klappt, ziehe dir beim Kuscheln alte KLEIDUNG an. Du kannst dir auch einen Schal oder ein Stück Stoff um den Hals legen für den Fall, dass etwas daneben geht. Oder einen Hut aufsetzen ;-)

Es hat geklappt!

So sind meine Ratten pullirein geworden:

Sicherer Auslauf: So haben alle Spaß

Natürlich möchten deine schlauen Ratten nicht den ganzen Tag im Käfig hocken. Daher solltest du ihnen täglich – am besten gegen Abend – mindestens 2 Stunden AUSLAUF im Innenbereich gönnen. Idealerweise dürfen alle Langschwänze über eine Leiter direkt aus dem offenen Käfig in das rattensichere (Gibt es Stromkabel, offenes Feuer oder Giftpflanzen?), eventuell abgeteilte Zimmer klettern. Alternativ dazu setzt du sie in ein mindestens 6 qm großes, rattensicheres Gehege.

Bei einem GEHEGE (sprungsichere Höhe mind. 1 Meter!) musst du auf jeden Fall darauf achten, dass ein (kleiner) RATTENKOPF – und somit die ganze Ratte – nicht durch irgendwelche Ritzen passt. Das Auslauf-Gehege muss aus glattem Material bestehen, z.B. Holz oder Plexiglas.

Für den Auslauf gelten folgende GRUNDREGELN: Beobachte deine Fellnasen zumindest die ersten Male ganz genau und sichere mögliche FLUCHTWEGE ab. Die fitten, ideenreichen Langschwänze könnten über die Abzäunung klettern oder hüpfen, von höher gelegenen Aussichtspunkten in die Tiefe stürzen, Holz,

Pappe, Kabel oder (Gift-)Pflanzen anknabbern oder – Achtung, das geht richtig flott! – in einem Ausguss für immer verschwinden. Pass daher besonders gut auf, wenn du deine Ratten in der trockenen, mit Tüchern ausgelegten Badewanne frei laufen lässt! Schließe auch alle Türen und Fenster.

Mehrere RÜCKZUGSMÖGLICHKEITEN sind auch im Auslauf Pflicht. Deine Fellnasen haben sonst unnötigen Stress und fühlen sich dauernd beobachtet. Achte darauf, dass zumindest die Auslauf-Verstecke mit warmem Material (z.B. Fleece-Decken) ausgelegt sind, damit es zu keinen Blasenentzündungen oder Verkühlungen kommt.

Deine aktiven Langschwänze haben auch im Auslauf HUNGER und DURST. Biete ihnen daher Wasser und Snacks wie z.B. Gemüse oder Obst an. Wenn deine Lieblinge an die TOILETTE gewöhnt sind, stelle ihnen auch im Auslauf eine zur Verfügung. Ratten müssen überall, egal wann und wo. Und sie werden auch im Auslauf mit Urinspritzern ihr Revier markieren. Beachte dies.

Gestalte den Auslauf möglichst ABWECHSLUNGSREICH, indem du z.B. einen Parcours aus Pappröhren, Buddelkisten und ähnlich interessante Dinge bereitstellst. Achte dabei unbedingt auf die Sicherheit deiner Fellnasen. Nichts darf umfallen oder deine Tiere verletzen.

Unsere schönsten Auslauf-Erlebnisse:

Für Tage mit wenig Zeit: Mini-Kuschel-Auslauf

Du hast heute nur wenig ZEIT für deine Ratten? Das kann passieren. Dennoch ist es wichtig, dass du deine Fellnasen nicht ganz aus den Augen verlierst, sondern täglich zumindest ein bisschen mit ihnen kuschelst. Während du nämlich frei in der Entscheidung bist, wo du heute oder morgen hingehst, sind deine Ratten an ihren KÄFIG gebunden.

Achte deshalb darauf, dass deine kuschelbedürftigen Fellnasen mindestens einmal pro Tag ausreichend KÖRPERKONTAKT mit dir haben und den Käfig wie gewohnt im sicheren Auslaufbereich verlassen dürfen. Überlege außerdem, wie du täglich in guten Kontakt mit deinen Tieren kommst.

Folgende EXPRESS-KUSCHEL-TIPPS können als Anregung dienen:

- Zahme Ratten kannst du drinnen gut auf der SCHULTER tragen.
- Besonders neugierige Ratten kannst du beim Arbeiten über den SCHREIBTISCH turnen lassen.
- Das FÜTTERN lässt sich mit ein paar Turnübungen verbinden.

Notiere dir hier weitere Möglichkeiten zum täglichen EXPRESS-KUSCHELN mit deinen Fellnasen:

- [ ] ______________________
- [ ] ______________________
- [ ] ______________________
- [ ] ______________________
- [ ] ______________________
- [ ] ______________________
- [ ] ______________________
- [ ] ______________________

Die WG wird erweitert: Neue Käfigbewohner aneinander gewöhnen

Du beherbergst bereits Ratten, hast Lust auf eine Erweiterung deiner FELLNASEN-FAMILIE und ausreichend Platz? Manchmal kommt es auch vor, dass ein Mitglied des Rudels stirbt und du dringend Ersatz benötigst.

Jedenfalls solltest du im Falle von NEUANKÖMMLINGEN (am besten setzt du mindestens zwei neue, gleichgeschlechtliche Geschwisterratten ein) folgende wichtige Punkte beachten.

Lass den neuen Ratten viel ZEIT, sich an die Umgebung bei dir zu Hause zu gewöhnen. Dies betrifft vor allem Ratten, die älter als 8 bis 10 Wochen sind. Aber auch Jungtiere darfst du keinesfalls einfach so zum alten Rudel setzen! Es könnte zu ernsthaften Kämpfen kommen, denn Ratten verteidigen ihr Revier.

Während du beginnst, die neuen Tiere HANDZAHM zu machen, hältst du sie für ZWEI WOCHEN im Transportkäfig in QUARANTÄNE und somit in ausreichender Distanz zum Rattenkäfig – am besten in getrennten Räumen. So verhinderst du, dass versehentlich eingeschleppte PARASITEN aufs ganze Rudel übergehen oder deine alten Ratten durch den Geruch der neuen Ratten AGGRESSIV werden.

Die allererste ZUSAMMENFÜHRUNG der neuen Wohngemeinschaft sollte auf neutralem Boden stattfinden, der nicht nach vorhandenen Markierungen „duftet". Zum Beispiel in der mit Tüchern ausgelegten, trockenen BADEWANNE, im Teil eines ZIMMERS oder im abgesperrten FLUR.

VORSICHT: Denk daran, alle ABFLÜSSE der Badewanne zu verschließen, damit keine Ratte entwischt!

Diese erste Begegnung dauert nur einige Minuten, und du wirst vielleicht folgende Dinge bei deinen Ratten BEOBACHTEN können:

- Aufplustern („Borsteln" oder „Plüschen" genannt)
- Box-Kämpfe, Rangeleien, Tritte mit den Hinterbeinen
- Aufreiten, Markieren, Unterwerfen, Zwangsputzen

Wenn das erste Treffen erfolgreich verlaufen ist, kannst du einen Tag später ein erneutes FELLNASEN-MEETING am bewährten Ort stattfinden lassen, das schon etwas länger dauern darf.

Es ist durchaus normal, dass es bei der VERGESELLSCHAFTUNG anfangs heftig wirkende RANGELEIEN zwischen den neuen und alten Bewohnern gibt. Allzu wilde KÄMPFE sollten jedoch nicht stattfinden! Notfalls musst du schreiende oder heftig zankende Tiere voneinander trennen – schütze deine Hände vorher z.B. mit KOCHHANDSCHUHEN. Untersuche deine Tiere außerdem regelmäßig auf VERLETZUNGEN und versorge sie, falls nötig.

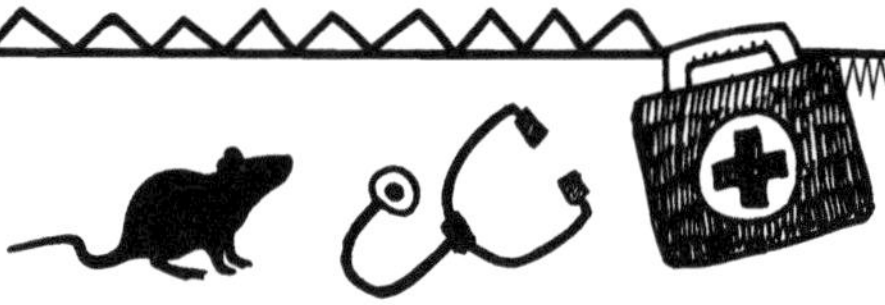

Damit positive Erinnerungen im Vordergrund stehen, die neuen und alten Ratten gerne an den INTEGRATIONSTREFFEN teilnehmen und diese nach und nach LÄNGER dauern dürfen, kannst du sie z.B. NATURJOGHURT vom gemeinsamen Teller schlecken lassen.

Auch ist es schön, den gemeinsamen Auslauf z.B. mit einem Kletter-Parcours, Unterschlupfmöglichkeiten und Kuschelecken SPANNEND UND GEMÜTLICH zu gestalten

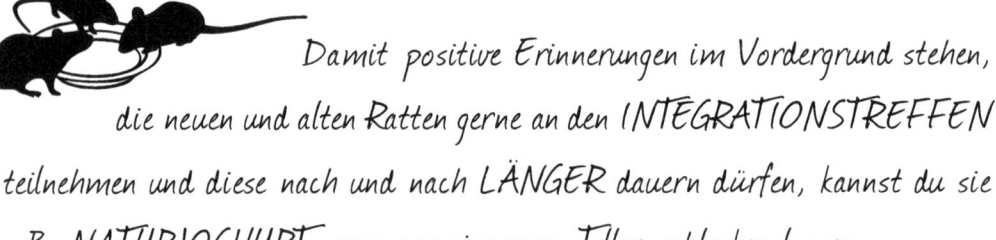

Wichtig ist außerdem, dass die gemeinsamen Treffen TÄGLICH stattfinden und du sie stressfrei gestalten kannst. Inspiziere also deinen Terminplan, bevor du neue Tiere adoptierst, und sorge für ausreichend RATTEN-FREIZEIT.

Und dann, nach einigen TAGEN oder mehreren WOCHEN, wenn sich deine Ratten nicht mehr aufplustern, sondern wie eine große Familie zusammen spielen, sich liebevoll putzen, kuscheln und Stress ein Fremdwort geworden ist – dann, und erst dann, kannst du den gemeinsamen Käfig für die finale ZUSAMMENFÜHRUNG vorbereiten.

WICHTIG: Vor der finalen Zusammenführung solltest du den kompletten Käfig sowie die Toiletten, Häuschen und Spielgeräte unbedingt gründlich GEREINIGT und sämtliche Einstreu erneuert haben (siehe Checkliste zur Käfigreinigung).

BEOBACHTE deine Fellnasen sehr genau während der ersten gemeinsamen Stunden und Tage im Großraum-Käfig. Am besten an einem WOCHENENDE, wo du ganz viel Zeit für sie hast. Und montiere ihnen jedenfalls eine neue, große gemeinsame HÄNGEMATTE zum gemütlichen Kuscheln und Relaxen!

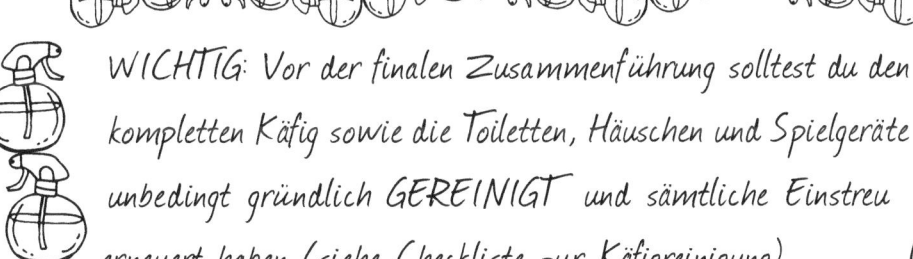

So hat die WG-Erweiterung funktioniert:

Hilfe, mein Tier ist ausgebüchst! SOS-Maßnahmen

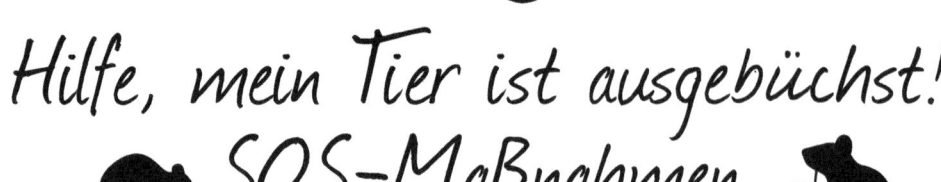

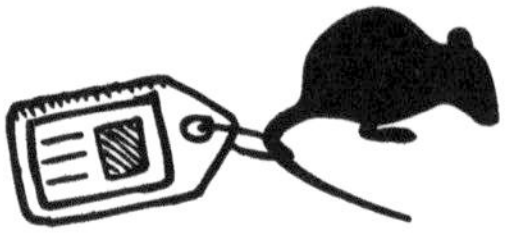

Schneller, als du denkst, ist es passiert: Eine Ratte ENTWISCHT und versteckt sich irgendwo in der Wohnung. Folgende Maßnahmen zum EINFANGEN haben sich bewährt:

- [ ] Bewahre RUHE. Dein Langschwanz ist jetzt in völlig neuer Umgebung und erst einmal verwirrt. Schließlich war der kleine Vierbeiner noch nie hinter dem Kühlschrank, unter dem Bett oder im Bücherregal.

- [ ] Falls du weißt, wohin deine Ratte gelaufen ist und wo sie sich jetzt befindet, schließe vorsichtig (Einklemmgefahr!) die TÜREN zu den anderen Räumen bzw. nach draußen. Sonst ist die Gefahr groß, dass du die Kontrolle über ihren Standort verlierst.

- [ ] Blockiere rasch mögliche weitere FLUCHTWEGE, z.B. mit großen Büchern, die du vor den Schlitz zum Einbauschrank stellst.

Rufe dein Tier mit normaler STIMME und biete ihm LECKERLIS aus der Hand an. Das funktioniert vor allem dann, wenn du genau weißt, wo sich dein Tier befindet und es z.B. nur hinter dem Schrank hervorkommen soll.

Falls du nicht genau weißt, wo dein Liebling ist, kannst du einige Plätze mit intensiv riechenden absoluten Lieblings-Leckerlis bestücken und dich danach auf die Lauer legen. Jedes Tier bekommt irgendwann HUNGER und wird sein Versteck verlassen.

Sobald dein Tier aus seinem VERSTECK hervorkommt, beobachte genau, wohin es läuft. Dann kannst du versuchen, es einzufangen. Bleibe dabei trotz der Aufregung möglichst ruhig.

SICHERHEITS-TIPP: Kontrolliere nach dem Einfangen deiner Ausreißer alle offen liegenden STROMKABEL (z.B. von Verteilersteckdosen, Lampen, anderen elektrischen Geräten) auf Bissspuren! Sollte dein Liebling über Nacht „auswärts schlafen", kann es bei offen zugänglichen Stromkabeln sinnvoll sein, den entsprechenden Raum via Sicherungsschalter für die Zeit des Rattenausbruchs stromfrei zu machen.

So kamen meine Ratten wieder zurück:

Ausflug ins Freie? Bitte nicht!

Farbratten sind, anders als ihre wilden Verwandten, absolut NICHT für draußen „gemacht". VERZICHTE daher bitte gänzlich darauf, sie z.B. auf der Schulter im FREIEN herumzutragen oder draußen laufen zu lassen. Selbst dann, wenn du ein angeblich sicheres und „für Ratten geeignetes" Freigehege für den Außenbereich besitzt!

Farbratten haben sehr empfindliche AUGEN. Sie leiden unter dem für sie zu starken TAGESLICHT. Selbst ein wolkenverhangener Tag ist schon zu hell! Rotäugige Albinos haben bereits mit künstlichem Zimmerlicht ein Problem.

Das KLIMA passt nicht zu deinen kuscheligen Käfigbewohnern, weder im Winter noch im Sommer: Es zieht unter freiem Himmel und ist entweder zu kalt oder zu heiß.

Von draußen können deine Lieblinge PARASITEN einschleppen.

Und was, wenn eine Farbratte im FREIEN ENTLÄUFT, weil sie zum Beispiel vor Schreck weggeflitzt ist? Dann ist wirklich „Feuer am Dach", denn die ÜBERLEBENSCHANCE deiner an den Käfig gewöhnten Tiere geht in freier Natur gegen Null.

Farbratten haben keine Ahnung, wie sie sich ihre ausgewogene NAHRUNG selber besorgen sollen.

Deine Fellnasen haben nicht gelernt, natürliche FEINDE wie z.B. Beutegreifer oder Katzen abzuwehren und sich selbst zu SCHÜTZEN.

Auch die moderne ZIVILISATION ist hochgefährlich für deine Ratten: Denke zum Beispiel an Autos (Überrollgefahr), höher gelegene Aussichtspunkte (Sturzgefahr), Türen (Einklemmgefahr) oder Lichtschächte (eine absolut tödliche Falle für Kleintiere).

Und WASSER? Das ist für Ratten lediglich Mittel zum Zweck im Falle einer Flucht. Deine Fellnasen wollen nicht gebadet werden und keine Ratte schwimmt freiwillig eine längere Strecke.

Wenn es im Sommer im Zimmer-Freilauf richtig heiß ist, darfst du jedoch eine flache Schale zur Abkühlung bereitstellen. Du wirst sehen: Deine Tiere machen sich meist nur dann nass, wenn es Futter (z.B. Gurkenstücke oder Maiskörner) zu erobern gibt.

Wenn ein Tier stirbt: Trauer-Rituale

Bereits bei der Gründung deines Ratten-Rudels solltest du daran denken, dass deine Tiere irgendwann STERBEN werden. Vielleicht in hohem Nager-Alter, vielleicht wegen einer Verletzung oder einer Krankheit, manchmal aus noch anderen Gründen.

Sind Ratten schon sehr ALT, werden sie dünner und verlieren langsam den Appetit. Sie ziehen sich gerne in ein ruhigeres Eckchen des Käfigs zurück und dösen fast den ganzen Tag vor sich hin.

Es ist immer eine Herausforderung, ein Tier auf seinem letzten Weg zu begleiten. Dies kann Tage oder auch Wochen dauern.

Bedenke bitte das Folgende: Ratten sind geschickt darin, ihre SCHMERZEN zu verstecken. Es ist daher sinnvoll, gemeinsam mit dem Tierarzt abzuwägen, ob ein offensichtlich todkrankes Tier nicht doch besser eingeschläfert werden sollte.

Du wirst traurig sein, wenn eines deiner Tiere eingeschläfert wurde oder du eine tote Fellnase im Käfig auffindest. Deine Ratte atmet nicht mehr, sie ist reglos, steif, kühl und du spürst keinen HERZSCHLAG mehr.

Bevor du ein totes Tier BEERDIGST, solltest du jedenfalls beobachten, ob es auch wirklich tot ist und du den Zustand nicht mit tiefem Schlaf, Schockstarre oder Ohnmacht verwechselst.

Denke daran, dass es in vielen Ländern verboten ist, tote Tiere heimlich im WALD zu vergraben. Hierauf steht eine hohe Geldstrafe.

Falls du deine tote Ratte im eigenen GARTEN vergraben möchtest, so hebe ein Loch aus, das mindestens 50 cm tief ist. Auf diese Weise verhinderst du, dass sie von anderen Tieren wieder ausgebuddelt wird.

Solltest du über KEINEN eigenen Garten verfügen, darfst du deine verstorbene Fellnase über den Hausmüll entsorgen. Außerdem kannst du sie zum Tierarzt bringen oder dich an die Tierbestattung wenden.

Wie auch immer du dich entscheidest, RITUALE helfen dir dabei, den Tod deines geliebten Begleiters besser zu verkraften.

Bastle einen kleinen SARG aus einem Körbchen oder einer Pappschachtel in geeigneter Größe und bemale ihn. Polstere den Sarg mit weichem Material aus, das für den Fall einer Beerdigung verrottbar sein muss. Es eignen sich Taschentücher, Stroh oder Naturfasern wie Baumwolltücher sowie Pflanzen.

Wenn der Friedhofsplatz in deinem Garten ist, kannst du einen größeren STEIN auf das Grab legen, den du mit wasserfestem Stift oder Lack beschriften oder bemalen kannst.

Wenn der Tierkörper anderswo seine letzte Ruhe gefunden hat, kannst du dennoch zu Hause ein ERINNERUNGSECK einrichten. Etwa auf dem Fensterbrett oder in einem Regal. Fotos eignen sich hierfür besonders gut.

Auch die verbliebene Ratten-WG bemerkt den VERLUST. Sprich mit deinen Tieren und kümmere dich in nächster Zeit besonders gut um sie. Du darfst mit ihnen weinen und traurig sein. Tiere haben sehr feine Empfindungen und merken genau, wenn es dir nicht so gut geht.

Sprich auch mit den Mitgliedern deiner MENSCHEN-FAMILIE über den Verlust. Überlegt, wie ihr das verstorbene Tier im täglichen Miteinander unvergessen macht. Zum Beispiel könnt ihr euch gemeinsam an lustige Geschichten und schöne Momente mit der verstorbenen Ratte erinnern.

Denk daran, dass deine verstorbene Fellnase EINZIGARTIG bleiben wird. Kein neues Tier kann sie jemals ersetzen. Jedes neue Tier wird eine ganz besondere Persönlichkeit haben. Und das ist auch gut so.

Erinnerungsplätze für
verstorbene Fellnasen

Persönliche Notizen

Weiterführende Literatur und Informationen

Andrea Langos (2013): „Ratten halten, pflegen, beschäftigen", Kosmos Verlags-GmbH, Stuttgart 2013.

Zürcher Tierschutz (2018): „Farbratten – soziale Schlauköpfe. Ein Ratgeber für Haltung und Pflege", Zürcher Tierschutz, Zürich.

Verein der Rattenliebhaber und -halter in Deutschland e.V. (2019).: „Eine Rattenvergesellschaftung steht bevor? Die wichtigsten Tipps und Hinweise findet ihr hier zusammengefasst. Anleitung zur Vorgehensweise bei der Vergesellschaftung von Ratten." VdRD, Augsburg.

Ausgewählte Ratten-Seiten und Ratten-Foren im INTERNET:

notrattenhilfe.de

rattenbande.com

rattenecke.com und ratteneck.eu

ratteninfos.de

farbratten.com

vdrd.de

Bibliografische Information der
Deutschen Nationalbibliothek
Die Deutsche Nationalbibliothek verzeichnet diese Publikation in der Deutschen Nationalbibliografie; detaillierte bibliografische Daten sind im Internet über http://dnb.d-nb.de abrufbar.

Rattenliebe – Dein praktischer Alltags-Planer für glückliche Fellnasen
Autorinnen: Carla Oblasser • Dr. phil. Caroline Oblasser

1. Auflage	März 2019
© 2019	edition riedenburg
Verlagsanschrift	Anton-Hochmuth-Straße 8, 5020 Salzburg, Österreich
Internet	www.editionriedenburg.at
E-Mail	verlag@editionriedenburg.at
Lektorat	Dr. Heike Wolter, Regensburg
Danksagung	Autorinnen und Verlag danken Frau **Katharina Groß** vom **Verein der Rattenliebhaber und -halter in Deutschland e.V. (www.vdrd.de)** für die umsichtige Durchsicht und die zusätzlichen Anregungen vor der Drucklegung!
Satz und Layout	edition riedenburg
Illustrationen/Fotos	Fotolia.com; im Einzelnen: Rattenfoto am Cover © Africa Studio, handgezeichnete Bullet-Journal-Elemente © dzha, Tier-Symbole © Ladychelyabinsk und © notkoo2008, Ratten © Hein Nouwens und © frilled_dragon, Garten-Zeichnungen © dikaya888, gezeichnete Icons © notkoo2008
Herstellung	Books on Demand GmbH, Norderstedt

ISBN 978-3-99082-021-6